하루에 한 문제씩, 어휘력과 지식이 쑥쑥!!

"책을 많이 읽어야 해. 독서가 얼마나 중요한데."
엄마한테 한 번쯤은, 아니면 자주 들어 봤던 이야기죠? 그만큼 독서는 어휘력과 문해력을 높여 주고 생각하는 힘을 길러 줄뿐더러, 지식을 쌓게 해 주는 아주 기본적이면서도 중요한 방법이거든요.

따라서 어린이 여러분이 어휘력과 문해력을 기르는 데 도움이 될 수 있도록 하루 한 장씩 넘기는 일력에 여러 가지 주제의 문제들을 넣었어요. 교과서에 나오는 국어, 영어, 수학, 과학, 사회, 음악, 미술, 체육, 도덕, 안전한 생활을 포함하여 역사와 한자, 일반 상식에 이르기까지 다양한 주제의 문제를 하루 한 개씩 읽고 풀 수 있도록 했답니다. 또한 문제 속 어려운 어휘 풀이와 관련 어휘를 활용해 간단히 문장을 써 볼 수 있는 공간도 마련돼 있어요. 귀여운 일러스트와 관련 사진은 덤이고요!

하루 한 문제씩 365개의 다양하고 알찬 문제들을 성실하게 풀어 나가다 보면, 일력의 마지막 장을 넘길 무렵에는 어느새 여러분의 어휘력과 지식이 쑥쑥 자라나 있을 거예요.

김 진 희

1월 January

1일 신정

일반 상식 난이도 ★★

우리 고유*의 명절인 (　　)에는 온 가족이 모여 떡국을 먹는답니다.

음력 1월 1일을 설날이라고 해요. 설날에는 온 가족이 모여 떡국을 먹어요. 이것은 새해 첫날 모든 것이 새로 시작된다는 의미로 몸과 마음을 깨끗이 하기 위해 청결*을 상징하는 색인 흰색 가래떡으로 만든 국을 먹은 것에서 유래*한 것이랍니다. 또 가래떡에는 장수*와 집안의 번창*을 바란다는 의미도 담겨 있지요.

🎁 **어휘 풀이**

*고유 본래 가지고 있는 특유한 것.
*청결 맑고 깨끗함.
*유래 어떠한 사물이나 일이 생겨난 바.
*장수 오래도록 삶.
*번창 잘 되어 크게 일어나다.

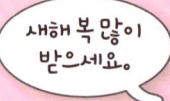
새해 복 많이 받으세요.

1월 January

2월 · 국어
난이도 ★★★

재미있는 수수께끼를 맞혀 보세요.

수수께끼란, 어떤 사물을 빗대어 말하여 그 뜻이나 이름을 알아맞히는 놀이예요. 대상을 있는 그대로 설명하지 않고, 그 특징이나 이름을 이용하여 재미있는 질문을 만들지요.

 수수께끼 퀴즈

세상에서 가장 빠른 개는?
항상 등에 집을 지고 다니는 것은?
칼로 베어도 잘라지지 않는 것은?
보이기만 하면 박수 치는 것은?
겉은 푸르고 속은 붉은 것은?

(정답: 번개, 달팽이, 물, 파리, 수박)

1월 January

3일

수학
난이도 ★★★

서윤이는 어제 오전 10시 45분에 놀이공원에 가서 오후 4시까지 놀았습니다. 어제 서윤이가 놀이공원에 있었던 시간은 (   )시간 (   )분입니다.

10시 45분에서 15분을 더하면 오전 11시이고, 오전 11시에 5시간을 더하면 오후 4시예요. 따라서 5시간에 15분을 더한 5시간 15분이 서윤이가 놀이공원에 있었던 시간이지요.

 어휘력 쑥쑥

'놀이공원'을 넣어 간단한 문장을 만들어 보세요.

 **1월 January**

 **4일**

일반 상식
난이도 ★★★

(　　　)는 이탈리아의 대표 음식으로, 납작한 밀가루 반죽 위에 토마토소스를 바르고 토마토, 치즈, 피망, 고기 등을 얹어 구운 음식이에요.

이탈리아를 대표하는 음식에는 피자, 파스타, 리소토 등이 있어요. 그중 피자는 가장 널리 알려진 음식이지요. 토마토와 모차렐라, 바질을 재료로 한 마르게리타 피자는 초록, 하양, 빨강으로 이루어진 이탈리아의 국기를 상징*한다고 해요.

 어휘 풀이
　***상징** 어떤 사물이나 대상의 의미를 구체적인 사물로 나타내는 일.

 어휘력 쑥쑥
　'상징'을 넣어 간단한 문장을 만들어 보세요.

1월 January

5일

과학
난이도 ★★★

수컷 사슴벌레가 뿔처럼 생긴 큰턱으로 다른 수컷 사슴벌레와 힘겨루기*를 하는 까닭은 무엇인지 알아보세요.

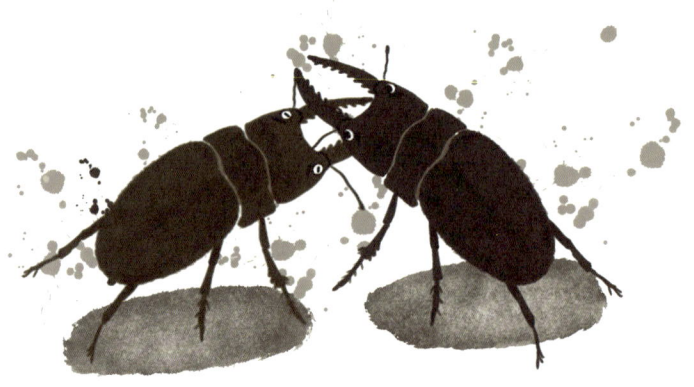

수컷 사슴벌레는 암컷 사슴벌레와 다르게 큰턱을 가지고 있어요. 수컷 사슴벌레는 자신을 드러내어* 보이거나 먹이를 차지하기 위해서 다른 수컷과 힘겨루기를 해요. 큰턱을 이용하여 상대를 꽉 잡고 들어 올리는 쪽이 승리를 차지한답니다.

🎁 어휘 풀이
- ***힘겨루기** 서로 버티어 승부를 다투는 일.
- ***드러내다** 보이지 않던 것을 보이게 하다.

어휘력 쑥쑥
'힘겨루기'를 넣어 간단한 문장을 만들어 보세요.

1월 January

6일

한자 난이도 ★★

한자 月(월)과 火(화)에 대해 알아볼까요?

 달 월

 불 화

쓰는 순서(총 4획)

ㅣ 冂 月 月

쓰는 순서(총 4획)

丶 丶 ソ 火

月은 달을, 火는 불을 뜻해요.

 활용 어휘

月曜日(월요일) 한 주가 시작되는 날.
生年月日(생년월일) 태어난 해와 달과 날.
火曜日(화요일) 월요일의 다음 날.
火災(화재) 불로 인한 재난.

 어휘력 쑥쑥

한자 月이 들어간 낱말을 넣어 간단한 문장을 만들어 보세요.

- -

역사

난이도 ★★★

선사 시대*는 인류가 사용하던 도구를 기준으로
구석기 시대* - 신석기 시대* - (　　) 시대로 구분할 수 있어요.

구석기 시대
뗀석기

신석기 시대
간석기

청동기 시대
청동 검, 청동 방울

구석기 시대에는 돌을 깨서 만든 뗀석기를, 신석기 시대에는 돌을 갈아서 만든 간석기를, 청동기 시대*에는 청동을 사용하여 무기나 여러 가지 도구를 만들었답니다.

어휘 풀이

- ***선사 시대** 인류가 문자를 사용하기 이전 시대.
- ***구석기 시대** 인간이 뗀석기를 도구로 사용한 시대.
- ***신석기 시대** 간석기와 토기를 도구로 사용한 시대.
- ***청동기 시대** 무기나 도구를 청동으로 만들어 사용한 시대.

1월 January

8일

국어
난이도 ★★

다음 동시*가 이야기하고 있는 것이 무엇인지 말해 보세요.

위잉, 위잉
전자레인지를 돌리면
노오란 알갱이*가
탁탁 타닥
춤을 추듯 튀어 오른다.

띵, 띵 소리가 나서
문을 열면
코에 닿는 고소한 냄새.
내일은
영화관에서 만나자.

동시 속에서 '노오란 알갱이'와 '탁탁 타닥'과 같은 소리를 흉내 낸 표현을 사용한 것으로 보아, 이 시는 '팝콘'을 나타낸 시라는 걸 알 수 있어요.

어휘 풀이
*동시 어린이를 대상으로 한 어린이의 정서를 읊은 시.
*알갱이 열매나 곡식 따위의 낱알.

1월 January

9일

일반 상식
난이도 ★★★

알래스카의 원주민*들은 추위를 피하기 위해
동물의 (　　)과 (　　)로 옷을 만들어 입어요.

알래스카의 원주민들은 매서운 추위를 피하기 위해 동물의 가죽과 털로 만든 긴 외투와 장화, 장갑 등을 착용해요.

 어휘 풀이
*원주민 그 지역에 원래부터 살고 있는 사람들.

 어휘력 쑥쑥
'원주민'을 넣어 간단한 문장을 만들어 보세요.

1월 January

수학
난이도 ★★

규칙*에 따라 빈칸에 알맞은 수를 넣어 보세요.

① | 5 | | 13 | 17 | 21 | 25 | |

② | | 17 | 22 | | 32 | | 42 |

①번은 수가 오른쪽으로 갈수록 4만큼씩 늘어나고, ②번은 수가 오른쪽으로 갈수록 5만큼씩 늘어나요. 따라서 ①번의 빈칸에는 9, 29가 들어가고, ②번의 빈칸에는 12, 27, 37이 들어간답니다.

 어휘 풀이
*규칙 모양이나 수 또는 색깔 등 어떤 요소가 일정하게 변하는 법칙.

 어휘력 쑥쑥
'규칙'을 넣어 간단한 문장을 만들어 보세요.

1월 January — 11일

안전한 생활
난이도 ★

불이 났을 때는 빨리 안전한 곳으로 대피*한 다음,
(　　　)에 전화해서 불이 난 곳의 위치를 알려야 해요.

불났을 때 대피 방법
· 천으로 입과 코를 가린 후, 낮은 자세로 이동해요.
· 안전한 곳으로 대피한 뒤 119에 전화해 화재 신고를 해요.
· 비상계단*으로 이동하고, 엘리베이터는 절대 사용하지 않아요.

어휘 풀이
*대피 위험이나 피해를 입지 않도록 피함.
*비상계단 화재나 지진 등의 비상사태에 이용하도록 설치한 계단.

어휘력 쑥쑥
'대피'를 넣어 간단한 문장을 만들어 보세요.

1월 January

12일

과학

난이도 ★★★

미세먼지와 황사의 차이를 알아보세요.

악, 미세먼지! 마스크를 해야 돼.

이건 황사 아니야?

미세먼지는 연료*를 태울 때 나오는 나쁜 물질로 이루어져 있어요. 주로 자동차, 발전소*, 난방* 기기를 통해 발생되지요. 황사는 아주 작은 모래 먼지가 바람을 타고 이동하다가 서서히 아래로 떨어지는 것으로, 대부분 흙으로 되어 있답니다.

 어휘 풀이
- *연료 태워서 에너지를 얻을 수 있는 재료.
- *발전소 전기를 만드는 시설이 있는 곳.
- *난방 온도를 높여 따뜻하게 하는 일.

어휘력 쑥쑥
'연료'를 넣어 간단한 문장을 만들어 보세요.

1월 January

13일

미술
난이도 ★★★★

색의 3원색은 (　　), (　　), (　　)이고,
색의 3요소*는 (　　), (　　), (　　)예요.

색의 3원색은 서로 섞여서 여러 가지 다른 색을 만들 수 있는 세 가지의 색으로, 노란색(Yellow), 청록색(Cyan), 자홍색(Magenta)을 말해요. 색의 3요소에는 그 색만이 갖는 독특한 성질인 색상과 색의 밝고 어두운 정도를 나타내는 명도, 색의 맑고 깨끗한 정도를 나타내는 채도가 있답니다.

 어휘 풀이

*요소 어떤 사물을 구성하는 데 꼭 필요한 성분.

 더 알아보기

색의 3원색을 다양하게 섞으면 어떤 색말이 나올까요?
청록 + 노랑 = 초록
청록 + 자홍 = 파랑
노랑 + 자홍 = 빨강
노랑 + 청록 + 자홍 = 검정

1월 January

14일

국어
난이도 ★★

'말 한마디에 천 냥 빚 갚는다'라는 속담은 말의 소중함을 깨닫게 해 줘요. "사랑해", "고마워", "힘내" 같은 말은 자신의 마음을 전달함과 동시에, 다른 사람의 기분을 좋게 해 주지요. 이 외에도 다른 사람의 기분을 좋게 해 주는 말에는 어떤 것들이 있을지 생각해 보세요.

다른 사람의 기분을 좋게 해 주는 말은 나의 기분을 좋게 해 주는 말로 되돌아와요. 예를 들면 "괜찮아", "잘했어", "너 정말 착하다", "다음엔 더 잘할 수 있을 거야" 등과 같이 칭찬하거나 용기를 북돋워 주는 말은 상대의 기분을 좋게 해 준답니다.

어휘력 쑥쑥

'칭찬'을 넣어 간단한 문장을 만들어 보세요.

1월 January

15일

수학
난이도 ★★★

그림의 꽃들은 알맞은 기준으로 분류*된 것이 아니에요. 그 이유를 말해 보세요.

예쁜 꽃　　　　　　　　예쁘지 않은 꽃

예쁜 것과 예쁘지 않은 것에 대한 기준은 사람에 따라 다르므로 올바른 분류를 할 수 없어요. 따라서 분류를 할 때는 '빨간색 꽃', '봄에 피는 꽃' 등과 같이 명확한* 기준을 세워야 해요.

 어휘 풀이
*분류 종류에 따라서 가름.
*명확하다 뚜렷하고 확실하다.

어휘력 쑥쑥
'분류'를 넣어 간단한 문장을 만들어 보세요.

  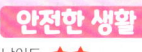

폭력*에 관한 다음 내용 중 잘못 설명한 것을 찾아보세요.

① 부모님이 아이를 때리는 것은 폭력이다.
② 사이버 공간에서 누군가에게 댓글*로 욕을 하는 것은 폭력이다.
③ 병원에 가기 싫어하는 아픈 아이를 억지로 데리고 가는 것은 폭력이다.

① 부모님이 아이를 때리는 것은 신체적 폭력, ② 인터넷 기사에 욕을 하는 댓글을 달아 마음에 큰 상처를 주는 것은 사이버 폭력에 해당돼요. ③ 아픈 아이를 억지로 병원에 데려가는 것은 치료를 하기 위한 행동이므로 폭력이라고 할 수 없습니다.

어휘 풀이
* **폭력** 남을 거칠고 사납게 억누를 때 쓰는 방법이나 힘.
* **댓글** 인터넷에 오른 글에 대답해 올리는 짧은 글.

어휘력 쑥쑥
'폭력'을 넣어 간단한 문장을 만들어 보세요.

1월 January

17일

음악
난이도 ★★

다음 악기들 가운데 성질*이 다른 하나는 어떤 악기일까요?

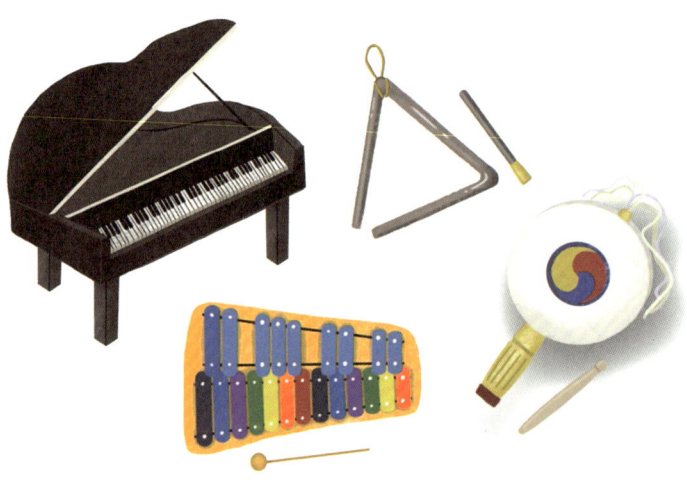

트라이앵글, 소고, 글로켄슈필은 두드려서 소리를 내는 타악기이고, 피아노는 건반을 눌러서 소리를 내는 건반 악기랍니다.

 어휘 풀이
*성질 물질마다 지니고 있는 고유한 특성.

 어휘력 쑥쑥
'악기'를 넣어 간단한 문장을 만들어 보세요.

난이도 ★★

주어진 알파벳으로 시작하는 단어와 연결해 보세요.

B(b)   E(e)   G(g)   K(k)

B(b)는 baby(아기), E(e)는 eraser(지우개), G(g)는 gift(선물), K(k)는 kiwi(키위)와 연결할 수 있어요.

오늘의 영어 단어
book(책), egg(달걀), gold(금), key(열쇠)

어휘력 쑥쑥
A, C, D, F로 시작하는 단어를 한 개씩 찾아 써 보세요.

1월 January

19일

일반 상식
난이도 ★★★

과자 봉지가 빵빵한 이유는 과자 봉지 속에 (　　　)를 넣기 때문이에요.

봉지 과자를 사면 과자는 한 줌*밖에 들어 있지 않은데, 봉지는 빵빵한 경우가 있어요. 과자 봉지가 빵빵한 이유는 그 안에 질소가 들어 있기 때문이에요. 질소는 과자가 상하거나 부서지는 걸 막아 주거든요.

어휘 풀이
*줌 주먹의 준말이자 주먹으로 쥘 만큼이 되는 분량의 단위.

어휘력 쑥쑥
'과자'를 넣어 간단한 문장을 만들어 보세요.

1월 January

20일

한자
난이도 ★★

한자 水(수)와 木(목)에 대해 알아볼까요?

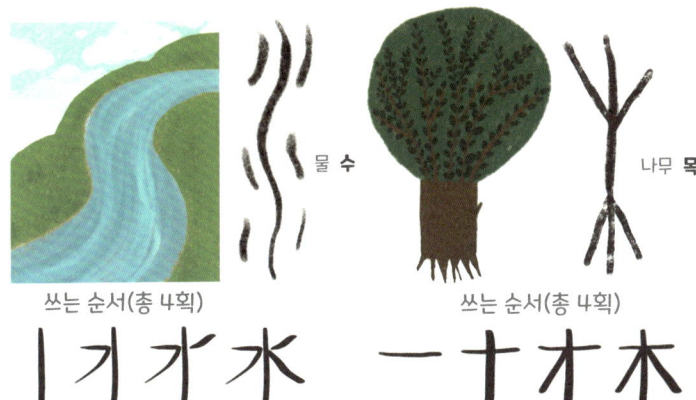

물 **수**　　　　　나무 **목**

쓰는 순서(총 4획)　　쓰는 순서(총 4획)

丨 亅 氵 水　　一 十 才 木

水는 물을, 木은 나무를 뜻해요.

 활용 어휘

水道(수도) 물길.
水泳(수영) 물속을 헤엄치는 일.
木曜日(목요일) 수요일 다음 날.
木手(목수) 나무로 물건을 만드는 일을 직업으로 하는 사람.

어휘력 쑥쑥

한자 水가 들어간 낱말을 넣어 간단한 문장을 만들어 보세요.

난이도 ★★★

진석이의 생일은 1월 마지막 날이에요. 서연이는 진석이보다 8일 먼저 태어났어요. 진석이와 서연이의 생일은 각각 며칠이고, 무슨 요일일까요?

일	월	화	수	목	금	토
1	2	3	4	5	6	7
8	9	10	11	12	13	14
15	16	17	18	19	20	21
22	23	24	25	26	27	28
29	30	㉛ 진석이 생일 ♡뿅				

진석이의 생일은 1월 마지막 날이므로 31일, 화요일이에요. 또 서연이는 진석이보다 8일 먼저 태어났으므로 31일에서 8일을 뺀 23일, 월요일이랍니다.

 오늘의 영어 단어
Sunday(일요일), Monday(월요일), Tuesday(화요일), Wednesday(수요일), Thursday(목요일), Friday(금요일), Saturday(토요일)

 어휘력 쑥쑥
올해 자신의 생일이 무슨 요일인지 영어로 써 보세요.

1월 January — 22일

안전한 생활 난이도 ★★

교통수단*을 안전*하게 이용하는 방법이에요.
괄호 안에 들어갈 알맞은 말을 넣어 보세요.

① 버스는 (　　　)을 서서 차례대로 타요.
② 자동차에 탔을 때는 곧바로 (　　　　　)를 매요.
③ 차에서 내릴 때 옷자락이 (　　　)에 끼지 않도록 조심해요.

💬 교통수단을 안전하게 이용하면 큰 사고를 예방*할 수 있어요.

버스를 탈 때는 ① 줄을 서서 차례대로 천천히 타야 하고, 자동차에 탔을 때는 곧바로 ② 안전벨트를 매야 해요. 또 차에서 내릴 때는 옷자락이 ③ 문에 끼지 않도록 잘 확인해야 하지요.

 어휘 풀이
* **교통수단** 이동하거나 짐을 옮길 때 사용하는 도구.
* **안전** 위험이나 사고가 날 염려가 없음. 또는 그런 상태.
* **예방** 탈이 생기지 않도록 미리 대비하여 막음.

 어휘력 쑥쑥
'안전'을 넣어 간단한 문장을 만들어 보세요.

- -

1월 January · **23일** · **국어**

난이도 ★

두 친구의 대화*를 통해 각각의 마음이 어떤지 짐작*해 보세요.

강아지를 잃어버린 아이와 그 아이를 위로*해 주는 친구의 대화예요. 강아지를 잃어버린 아이는 마음이 몹시 슬프고, 이를 위로해 주는 친구는 안타까운 마음이라는 걸 짐작할 수 있어요.

🎁 어휘 풀이
* **대화** 서로 마주하여 이야기를 주고받음.
* **짐작** 상대의 사정을 어림잡아 헤아림.
* **위로** 따뜻한 말이나 행동으로 괴로움이나 슬픔을 달래 줌.

어휘력 쑥쑥
'위로'를 넣어 간단한 문장을 만들어 보세요.

1월 January

 24일

일반 상식
난이도 ★★★

재활용* 쓰레기의 올바른 분리* 방법이에요. 잘못 설명한 것을 찾아보세요.

① 비닐류는 물로 깨끗이 씻어 말린 뒤 분리해요.
② 깨진 유리는 신문지에 싸서 종량제 봉투에 버려요.
③ 스프링 공책은 종이류로 분리해요.
④ 재활용 표시가 없는 플라스틱 용기는 종량제 봉투에 버려요.

③ 스프링 공책은 스프링을 따로 분리해서 버린 뒤, 공책 부분만 종이류로 분리해야 해요. 재활용 쓰레기를 올바르게 분리해서 버리면 환경 오염을 줄일 수 있고, 또 쓰레기 처리 비용도 아낄 수 있답니다.

 어휘 풀이
*재활용 못 쓰게 된 물건을 쓰임을 달리하여 다시 사용하는 것.
*분리 서로 나뉘어 떨어지게 함.

 어휘력 쑥쑥
'재활용'을 넣어 간단한 문장을 만들어 보세요.

1월 January

25일

역사
난이도 ★★★★

단군왕검, 주몽, 박혁거세 등과 같은 역사적 인물*이 한 나라를 세운 과정을 신성하게* 꾸민 이야기를 ( )라고 해요.

단군왕검

주몽

박혁거세

우리나라에는 고조선을 세운 '단군왕검', 고구려를 세운 '주몽', 백제를 세운 '온조', 신라를 세운 '박혁거세', 가야를 세운 '김수로'에 관한 건국 신화가 전해 내려오고 있어요. 건국 신화는 백성들로 하여금 시조* 또는 왕을 특별한 존재로 여기게 하려고 만든 것이랍니다.

 어휘 풀이
* **인물** 일정한 상황에서 어떤 역할을 하는 사람.
* **신성하다** 함부로 가까이할 수 없을 만큼 성스럽고 위대하다.
* **시조** 한 민족이나 핏줄의 맨 처음이 되는 조상.

 어휘력 쑥쑥
'인물'을 넣어 간단한 문장을 만들어 보세요.

1월 January

26일

수학
난이도 ★★★

다음 표를 보고 규칙을 찾아 빈칸을 채워 보세요.

X	3	4	5	6
3	9			
4		16		
5			25	
6				36

곱셈표의 9에서 36까지 대각선 방향*으로 접었을 때 만나는 수가 서로 같아요.
둘째 줄: 12, 15, 18 셋째 줄: 12, 20, 24 넷째 줄: 15, 20, 30 다섯째 줄: 18, 24, 30

 어휘 풀이
*방향 향하는 쪽.

어휘력 쑥쑥
'방향'을 넣어 간단한 문장을 만들어 보세요.

1월 January — 27일 — 미술

난이도 ★★★★

그림을 그릴 때, 그리고자 하는 대상*을 실제로 눈에 보이는 것처럼 멀거나 가깝게 표현하는 방법을 (　　　　)이라고 해요.

실제 길처럼 보이도록 아주 잘 표현한 그림이군!

실제로는 두 물체의 크기가 같지만 가까운 것은 커 보이고 먼 것은 작아 보이는 것처럼, 그림을 그릴 때도 가까운 것을 크게 그리고 먼 것을 작게 그리는 것을 원근법이라고 해요. 그림 속의 가로수들도 멀리 있을 수록 작게 그려져 실제 눈에 보이는 것처럼 거리감*이 느껴진답니다.

 어휘 풀이

*대상 어떤 일의 상대 또는 목표가 되는 것.
*거리감 공간적으로 떨어져 있는 느낌.

1월 January

28일

일반 상식
난이도 ★★★

감자는 캐낸 뒤 3개월 정도가 지나면 싹이 나기 시작해요.
감자의 싹이 돋은 부분에는 (　　　　)이라는 독이 생겨요.

감자에 독이 있다니! 싹을 잘 도려내고 먹어야겠군, 꿀!

감자에 싹이 나기 시작하면 솔라닌이라는 독이 생겨요. 싹이 난 감자를 먹으면 구토*, 배 아픔, 어지러움 등의 증상*이 나타날 수 있으니 싹이 돋은 부분까지 깊이 도려내고 먹어야 해요.

 어휘 풀이
***구토** 먹은 것을 토함.
***증상** 병을 앓을 때 나타나는 여러 가지 상태나 모양.

 어휘력 쑥쑥
'증상'을 넣어 간단한 문장을 만들어 보세요.

 배 아파

1월 January

29일

국어

난이도 ★★★

우리말에는 느낌을 나타내는 다양한 말이 있어요.
그림을 보고 느낌을 나타내는 말을 생각해 보세요.

'보들보들하다'는 살갗에 닿는 느낌이 매우 부드럽다는 뜻이에요. '아기 피부가 보들보들하다', '강아지 털이 보들보들하다' 등으로 쓸 수 있지요. '찐득찐득하다'는 떨어지지 않을 정도로 매우 끈끈하게 들러붙는 느낌을 나타내는 표현으로 '찐득찐득한 콧물이 나오다', '풀이 찐득찐득하다' 등으로 쓸 수 있답니다.

어휘력 쑥쑥

느낌을 나타내는 말을 생각나는 대로 찾아 써 보세요.

위에서 답한 느낌을 나타내는 말을 넣어 간단한 문장을 만들어 보세요.

1월 January

30일

일반 상식
난이도 ★★★★

우리나라에서 겨울에 만날 수 있는 새에 ○표 하세요.

겨울철 우리나라에서 볼 수 있는 새에는 꿩, 따오기, 원앙, 청둥오리, 참새, 까치 등이 있어요. 백로, 왜가리, 해오라기는 여름철에 볼 수 있는 새이지요.

 어휘력 쑥쑥
'까치'를 넣어 간단한 문장을 만들어 보세요.

1월 January — 31일

안전한 생활 난이도 ★★

지진이 일어났을 때 학교에서의 대피 요령*이에요.
괄호 안에 알맞은 말을 넣어 보세요.

① (　　) 밑으로 들어가 책상다리를 꼭 잡아요.
② 흔들림이 멈추면 선생님의 안내에 따라 교실에서 차례로 빠져나가요.
③ 떨어지는 물건에 다치지 않도록 가방으로 (　　)를 보호해요.
④ 건물에서 멀리 떨어진 넓은 곳으로 피해요.

학교에 있을 때 지진이 일어난다면 우선 ① 책상 밑으로 들어간 다음, 선생님의 안내에 따라 밖으로 나가요. 이동할 때는 가방을 들어 올려 ③ 머리를 보호하고, 건물 밖 넓은 곳으로 피해야 해요.

어휘 풀이
*요령 일을 할 때 알고 있어야 할 방법.

2월 February

1일

일반 상식
난이도 ★★★

부딪히거나 넘어지면 몸에 멍이 들어요. 멍은 왜 생기는 걸까요?

우리 몸은 무엇에 맞거나 부딪히면 피부 속에 출혈*이 생겨요. 이 피가 응고*하면서 멍이 되는 것이지요. 멍이 든 부위를 달걀로 문지르면 피를 잘 돌게 해 주어 응고된 피를 흩어지게 하는 효과가 있답니다.

🎁 어휘 풀이
*출혈 피가 혈관 밖으로 나오는 것.
*응고 액체 등이 엉겨서 뭉쳐 굳어짐.

어휘력 쑥쑥
'출혈'을 넣어 간단한 문장을 만들어 보세요.

수학

난이도 ★★

다음 그림의 쌓기나무들을 보고, 괄호 안에 알맞은 말을 넣어 보세요.

- 빨간색 쌓기나무 위에 초록색 쌓기나무.
- 노란색 쌓기나무 (　　　　)에 파란색 쌓기나무.
- 파란색 쌓기나무 (　　　　)에 흰색 쌓기나무.

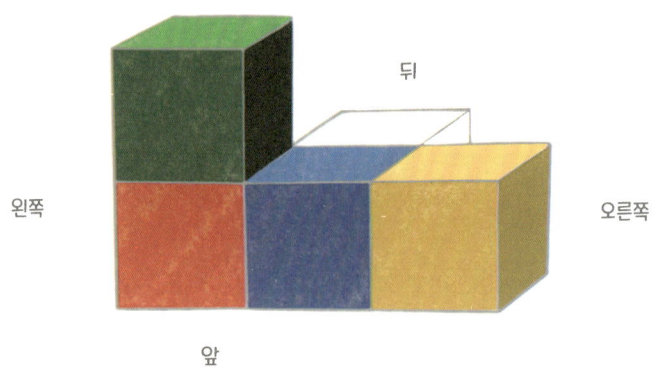

그림에 표시된 앞, 뒤, 오른쪽, 왼쪽을 기준으로 보면 노란색 쌓기나무 왼쪽에 파란색 쌓기나무, 파란색 쌓기나무 뒤에 흰색 쌓기나무가 있어요.

 어휘력 쑥쑥

위에서 배운 방향을 나타내는 말 중 하나를 넣어 간단한 문장을 만들어 보세요.

다음 차례를 나타내는 단어를 사용해 이야기를 완성해 보세요.

| 그 후 | 아침에 | 점심때 |

(　　　　) 우리 집 강아지가 산책을 가자고 졸랐어.
나는 강아지와 함께 (　　　　) 공원으로 산책을 갔어.
갑자기 자전거가 빠르게 지나가는 바람에 강아지가 다칠 뻔했어.
(　　　　), 집으로 돌아간 나는 놀란 강아지를 달래 주었지.

차례를 나타내는 말을 잘 살펴보면 시간의 흐름, 즉 이야기의 순서를 알 수 있어요. 따라서 아침에 강아지가 산책을 하자고 졸라서 점심때 산책을 나갔고, 그 후 다칠 뻔한 강아지를 집으로 데려가서 달래 주는 순서로 이야기를 연결할 수 있답니다.

2월 February

4일

과학
난이도 ★★★

우유를 데우면 표면*에 얇은 막이 생겨요. 이 얇은 막은 우유를 구성하는 (　　　) 성분*이 모여 뭉친 것이에요.

우유를 따뜻하게 데우면 표면에 얇은 막이 생기는데, 이것은 우유의 단백질 성분이 뭉친 거예요. 단백질은 우리 몸에서 에너지가 되거나 근육 같은 중요한 기관을 만드는 데 사용되는 영양소이지요. 단백질이 많이 들어 있는 음식으로는 우유, 콩, 닭가슴살 등이 있답니다.

어휘 풀이
*표면 사물의 가장 바깥쪽 또는 가장 윗부분.
*성분 사물이나 현상을 이루고 있는 한 부분.

어휘력 쑥쑥
'단백질'을 넣어 간단한 문장을 만들어 보세요.

한자
난이도 ★★★☆

사자성어 一擧兩得(일거양득)의 뜻을 알아보세요.

一	擧	兩	得
한 일	들 거	두 량(양)	얻을 득

一擧兩得(일거양득)은 한 번 들어 둘을 얻는 것, 또는 한 가지의 일로 두 가지 이익을 보는 것을 말해요.

🎁 비슷한 속담
도랑 치고 가재 잡는다 / 꿩 먹고 알 먹기

✈️ 어휘력 쑥쑥
'일거양득'을 넣어 간단한 문장을 만들어 보세요.

역사

난이도 ★★★

다음 세 나라와 각 나라를 건국한 인물을 짝지어 보세요.

고구려 · 　　　　백제 · 　　　　신라 ·

· 박혁거세　　　· 주몽　　　· 온조

주몽은 기원전 37년 졸본에 고구려를 세웠고, 온조는 기원전 18년 위례에 백제를 세웠어요. 박혁거세는 기원전 57년 지금의 경주에 신라를 세웠답니다. 이 세 나라가 맞서 있던 시대를 삼국 시대라고 해요.

더 알아보기

기원전은 예수가 탄생한 해를 '기원'으로 했을 때, 그 이전의 시기를 말해요. 기원후는 예수 탄생 이후를 말하지요.

다음 과일, 채소의 영어 이름으로 빈칸을 채워 보세요.

빈칸에 들어가는 단어는 우리가 즐겨 먹는 과일과 채소예요. ① grape(포도), ② carrot(당근), ③ banana(바나나), ④ apple(사과), ⑤ melon(멜론)이랍니다.

🎁 오늘의 영어 단어

tomato(토마토), **pear**(배), **strawberry**(딸기), **watermelon**(수박), **potato**(감자), **sweet potato**(고구마), **peach**(복숭아), **mandarin**(귤), **pumpkin**(호박), **garlic**(마늘), **onion**(양파), **mushroom**(버섯)

2월 February

8일

안전한 생활

난이도 ★★

자전거를 탈 때 주의할 점에 대해 잘못 설명한 것을 모두 찾아보세요.

① 안전모, 보호대와 같은 보호 장비*를 착용하고 타요.
② 가방을 들 때는 한 손으로 운전해도 좋아요.
③ 내 몸에 맞는 자전거를 타요.
④ 내리막길에서는 쌩쌩 달려요.

자전거를 탈 때 주의할 점을 잘못 설명한 것은 ②와 ④예요. ② 물건을 든 채 한 손으로 핸들을 잡고 타는 것은 몹시 위험하므로 반드시 양손으로 잡고 타야 해요. ④ 내리막길에서는 속도가 빨라지기 때문에 브레이크를 잡고 천천히 내려오거나 자전거에서 내려 안전하게 끌고 내려와야 하지요.

 어휘 풀이
***보호 장비** 몸을 보호하기 위해 착용하는 기구.

9일

미술

난이도 ★★★

붓글씨를 쓸 때는 ( ), ( ), ( ), ( )가 꼭 필요해요.
이 네 가지 문방구를 '문방사우'라고 부른답니다.

종이, 붓, 먹*, 벼루*는 붓글씨를 쓰거나 그림을 그릴 때 꼭 필요한 네 가지 친구라 하여 '문방사우(文房四友)'라고 불려요.

 어휘 풀이

*먹 벼루에 물을 붓고 갈아서 사용하는 검은 물감.
*벼루 먹을 가는 데 쓰는 그릇처럼 생긴 도구.

 어휘력 쑥쑥

'종이'를 넣어 간단한 문장을 만들어 보세요.

2월 February

10일

음악
난이도 ★★★

( )는 예로부터 민중* 사이에 불려 오던 전통적인 노래예요.

아리랑
우리나라 민요
아리랑 아리랑 아라리요
아리랑 고개로 넘어간다
나를 버리고 가시는 임은
십 리도 못가서 발병 난다

수건 돌려라
중국 민요
수건 돌려라 수건 돌려라
아무도 모르게 친구 뒤에
숨겨라 알려 주지 말아라
빨리빨리 잡아라

세계 여러 나라에는 그 나라만의 독특한 민요가 전해 내려오고 있어요. 우리나라의 「아리랑」, 중국의 「수건 돌려라」, 프랑스의 「아비뇽 다리 위에서」, 케냐의 「안녕 반가워요」 등이 있답니다.

어휘 풀이
*민중 국가나 사회를 구성하는 일반 국민.

2월 February

11일

국어
난이도 ★★

나는 보통 둥근 모양이지만, 더러 다양한* 모양도 있어. 색깔은 여러 가지이고, 가벼워서 하늘로 둥둥 뜨기 때문에 줄에 묶여 다니지. 나는 누구일까?

둥근 모양에 여러 가지 색깔, 가벼워서 줄에 묶고 다니며 아이들이 좋아하는 물건은 바로 풍선이에요.

 어휘 풀이
　***다양하다** 모양이나 빛깔, 형태 따위가 여러 가지로 많다.

 어휘력 쑥쑥
　'풍선'을 넣어 간단한 문장을 만들어 보세요.

2월 February 12일

과학
난이도 ★★★★

유이는 냉장고에서 시원한 물을 꺼내 컵에 따라 두었어요. 그런데 잠시 뒤 컵 표면에 물방울이 맺혀 있는 것이 보였어요. 이 물방울은 어떻게 생긴 것일까요?

공기 중에 있던 수증기*가 냉장고에 있던 차가운 물과 만나면 온도가 내려가면서 컵 표면에 물방울이 되어 맺혀요. 이를 '액화'라고 하지요.

🎁 어휘 풀이
*수증기 물이 기체 상태로 된 것.

✈ 어휘력 쑥쑥
'수증기'를 넣어 간단한 문장을 만들어 보세요.

2월 February — 13일

일반 상식 난이도 ★★★

감기는 아주 먼 옛날부터 인간과 함께해 온 병이에요.
감기를 일으키는 원인은 (　　　　)예요.

감기를 일으키는 바이러스는 그 종류만 해도 백 가지가 넘는 것으로 알려져 있어요. 겨울철에 유행하는 독감은 인플루엔자 바이러스가 원인이며, 2019년에 발생한 코로나바이러스감염증-19는 신종 코로나 바이러스에 의해 생겨난 병이지요.

 더 알아보기

감염 예방 행동 수칙

흐르는 물에 비누로 30초 이상 손을 꼼꼼하게 씻어요.

씻지 않은 손으로 눈·코·입을 만지지 않아요.

기침이나 재채기할 때 옷소매로 입과 코를 가려요.

열이 나고 기침을 하는 등의 증상이 있으면 마스크를 써요.

2월 February — 14일 — 수학
난이도 ★★

둘 중 길이가 더 긴 연필은 어느 것이고, 얼마나 더 길까요?

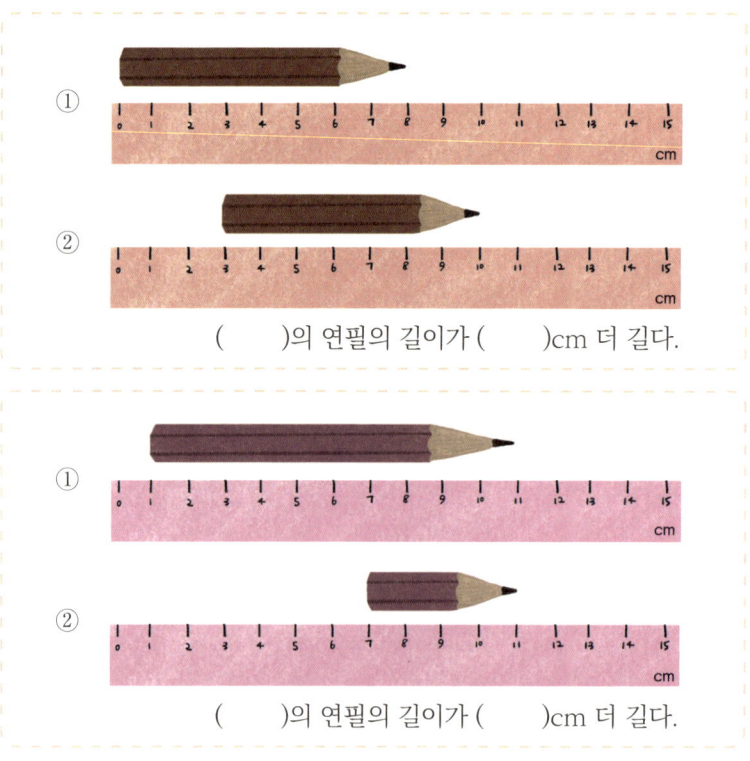

( )의 연필의 길이가 ( )cm 더 길다.

( )의 연필의 길이가 ( )cm 더 길다.

첫 번째 문제의 ①은 연필의 길이가 8cm이고 ②는 연필의 길이가 10-3=7cm이므로, ①의 연필의 길이가 1cm 더 길어요. 두 번째 문제의 ①은 연필의 길이가 11-1=10cm 이고 ②는 연필의 길이가 11-7=4cm이므로, ①의 연필의 길이가 6cm 더 길답니다.

2월 February **15일** **영어**

난이도 ★★★

질문에 어울리지 않는 대답을 골라 보세요.

"Where are you from?"

① I'm from England.
② I like France.
③ I'm from China.
④ I'm from South Korea.

'Where are you from?'은 '당신은 어느 나라에서 왔나요?'라는 뜻의 질문이에요. ①은 '나는 영국에서 왔어요'이고, ③은 '나는 중국에서 왔어요', ④는 '나는 한국에서 왔어요'라는 뜻이에요. 그런데 ②는 '나는 프랑스가 좋아요'라는 뜻이므로 질문과 맞지 않는 대답이에요.

 오늘의 영어 단어

America(미국), Japan(일본), Germany(독일), Taiwan(대만), Australia(호주), Canada(캐나다), Mexico(멕시코), Egypt(이집트), Brazil(브라질), Spain(스페인), Saudi Arabia(사우디아라비아), Russia(러시아)

2월
February

16일

한자
난이도 ★★

한자 金(금)과 土(토)를 알아볼까요?

쓰는 순서(총 8획)

ノ 入 へ 全 full 金 金 金

쓰는 순서(총 3획)

一 十 土

金은 쇠를, 土는 흙을 뜻한답니다.

🎁 활용 어휘

千金(천금) 많은 돈이나 비싼 값을 비유할 때 쓰는 말.
黃金(황금) 누런빛을 띠는 금. 돈이나 재물.
土器(토기) 진흙으로 만들어 구운 그릇.
國土(국토) 나라의 땅.

✈ 어휘력 쑥쑥

한자 土가 들어간 낱말을 넣어 간단한 문장을 만들어 보세요.

2월 February

17일

국어
난이도 ★★★

동요*를 따라 불러 보고 노랫말*을 바꾸어 보세요.

잘잘잘

전래 동요

하나 하면 할머니가 지팡이를 짚는다고 잘잘잘
둘 하면 두부 장수 두부를 판다고 잘잘잘
셋 하면 새색시가 거울을 본다고 잘잘잘
넷 하면 냇가에서 빨래를 한다고 잘잘잘

시나 노래의 일부분을 바꾸어 보면 말의 재미를 느낄 수 있어요. '하나 하면 할머니가 지팡이를 짚는다고 잘잘잘'은 '하나 하면 항아리에 물을 담는다고 잘잘잘', '둘 하면 두부 장수 두부를 판다고 잘잘잘'은 '둘 하면 두더지가 땅굴을 판다고 잘잘잘' 등으로 다양하게 표현할 수 있지요.

어휘 풀이

*동요 어린이의 생각이나 감정을 담아 표현한 노래.
*노랫말 노래의 내용이 되는 글이나 말.

2월 February 18일 과학

난이도 ★★★★

그릇 두 개가 포개져 빠지지가 않아요. 그릇을 뺄 수 있는 방법을 알아보세요.

물질이 열을 받으면 부피*가 늘어나고 식으면 부피가 줄어드는 성질을 이용하면 돼요. 바깥쪽 그릇을 뜨거운 물에 담근 후 안쪽 그릇에 차가운 물을 부으면, 바깥쪽 그릇은 부피가 늘고 안쪽 그릇은 부피가 줄어 겹쳤던 그릇을 쉽게 뺄 수 있답니다.

어휘 풀이
*부피 넓이와 높이를 가진 물건이 차지하는 크기.

어휘력 쑥쑥
'부피'를 넣어 간단한 문장을 만들어 보세요.

- -

2월 February 19일

수학

난이도 ★★

딸기는 포도보다, 사과는 당근보다 몇 배가 더 많은지 말해 보세요.

① 포도는 4개, 딸기는 20개예요. 이것을 포도는 4, 딸기는 4+4+4+4+4=20으로 나타낼 수 있어요. 즉, 포도는 4개씩 1묶음, 딸기는 4개씩 5묶음 있으므로 딸기는 포도보다 5배가 더 많아요. 마찬가지로 ②의 당근은 3개씩 1묶음, 사과는 3개씩 4묶음이 있으므로 사과는 당근보다 4배가 더 많아요.

 어휘력 쑥쑥

'묶음'을 넣어 간단한 문장을 만들어 보세요.

- -

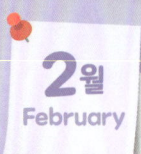

일반 상식

난이도 ★★★

우유에는 3대 영양소*인 (　　　), (　　　), (　　　)을 포함하여 칼슘, 인, 철, 비타민 등 여러 영양소가 들어 있어요.

탄수화물　　지방　　단백질

우유에는 3대 영양소인 단백질, 탄수화물, 지방 외에도 우리 몸에 필요한 영양소가 골고루 들어 있어요. 그래서 우유를 '완전식품*'이라고 부르지요. 우리가 자주 먹는 달걀도 완전식품이에요.

어휘 풀이
* **영양소** 우리 몸에 필요한 영양분이 있는 물질.
* **완전식품** 건강에 필요한 영양소를 골고루 갖춘 식품.

어휘력 쑥쑥
'영양소'를 넣어 간단한 문장을 만들어 보세요.

- -

2월 February

안전한 생활
난이도 ★★

사람들이 캠핑*을 하며 캠핑장에서 즐거운 시간을 보내고 있어요.
그림에서 안전과 거리가 먼 부분을 찾아 ○표 하고 그 이유를 말해 보세요.

캠핑장에서는 반드시 화재 예방에 주의해야 해요. 텐트 안에서 불을 피우면 자칫 텐트로 불이 옮겨 붙어 큰불이 날 위험이 있으므로, 불은 꼭 텐트 밖에서 사용해야 하지요.

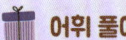 **어휘 풀이**
*캠핑 산이나 들 또는 바닷가에서 텐트를 치고 지냄.

 어휘력 쑥쑥
캠핑 갈 때 필요한 준비물을 모두 써 보세요.

2월 February 22일

과학
난이도 ★★★★

바닷물은 땅의 표면을 변화시켜요. 대표적인 것으로
( ), ( ), ( ) 작용*을 들 수 있답니다.

파도에 의한 침식 작용으로 절벽이 생겼군.

모래사장은 바닷물의 퇴적 작용으로 만들어진 거야.

바닷물은 땅의 표면을 천천히 변화시켜요. 침식 작용은 땅의 표면이 깎이는 것, 운반 작용은 땅의 표면이 깎이면서 흙이나 모래 등이 물과 함께 이동하는 것, 퇴적 작용은 이동한 흙이나 모래가 쌓이는 것을 말해요.

어휘 풀이
*작용 어떠한 현상을 일으키거나 영향을 미침.

2월 February — 23일 — 역사

난이도 ★★

( )은 만주 지방까지 땅을 크게 넓히고, 백제와 왜나라를 무찔러 고구려의 전성시대*를 열었어요.

> 이건 광개토대왕릉비야. 고구려를 상징하는 광개토대왕의 업적과 역사가 잘 기록되어 있지.

> 높이가 무려 6미터가 넘고, 무게도 약 37톤이나 된대.

> 우아, 엄청 크다!

광개토대왕릉비

열여덟 살에 고구려의 왕이 된 광개토대왕은 한반도에서는 백제, 신라, 가야, 중국 대륙에서는 북위, 후연 등과 전쟁을 벌여 고구려의 땅을 크게 넓혀 나갔어요. 적군의 장수들은 광개토대왕의 이름만 들어도 벌벌 떨 정도였다고 해요.

 어휘 풀이

*전성시대 힘이나 세력이 한창인 시대.

2월 February — 24일 — 영어

난이도 ★★★

그림에 어울리는 영어 표현은 어떤 것일까요?

① The squirrel is drinking water.
② The squirrel is digging a hole.

첫 번째 문장은 '다람쥐가 물을 마시고 있어요'이고, 두 번째 문장은 '다람쥐가 구멍을 파고 있어요'라는 뜻이에요.

🎁 오늘의 영어 단어

run(뛰다), walk(걷다), go(가다), eat(먹다), drive(운전하다), cook(요리하다), speak(말하다), listen(듣다), read(읽다)

국어
난이도 ★★

잘못 쓰인 낱말을 찾아 바르게 고쳐 보세요.

① 엄마에게 안겨 있는 간난아이가 의사 선생님께 진료를 밧고 있어요.

---

② 엄마가 부엌에서 채소 복음밥을 만드시는 것 가타요.

글을 쓸 때는 맞춤법에 따라 올바르게 표현해야 해요. 문장을 바르게 고쳐 쓰면 ① '엄마에게 안겨 있는 갓난아이가 의사 선생님께 진료를 받고 있어요', ② '엄마가 부엌에서 채소 볶음밥을 만드시는 것 같아요'로 나타낼 수 있답니다.

 어휘력 쑥쑥
'갓난아이'를 넣어 간단한 문장을 만들어 보세요.

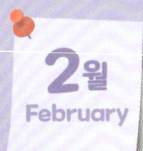

2월 February · **26일** · 일반 상식
난이도 ★★★

단 음식을 많이 먹으면 이가 어떻게 되는지 괄호 안에 알맞은 말을 넣어 보세요.

음식을 먹고 이를 깨끗이 닦지 않으면 이에 남아 있는 음식 찌꺼기가 충치를 유발*해요. 특히 단 음식은 이 사이에 오래 달라붙어 있어서 세균들의 좋은 먹이가 되지요.

 어휘 풀이
*유발 어떤 것이 다른 일을 일어나게 함.

 어휘력 쑥쑥
'이'를 넣어 간단한 문장을 만들어 보세요.

난이도 ★★★

도형의 규칙을 찾아 빈칸에 들어갈 알맞은 도형을 그리고 색칠해 보세요.

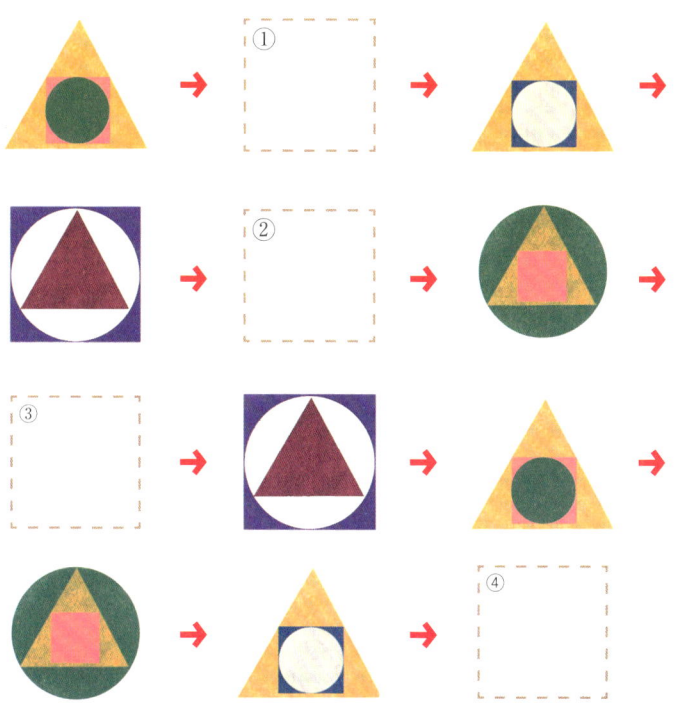

①과 ②는 세 번째 줄에서 🔺다음에 🔴, 🔻다음에 🔺이 오는 것으로 보아 답이 🔴과 🔺이라는 것을 추측할 수 있어요. ①에 🔴을, ②에 🔺을 채우면 도형들이 ' 🔺 → 🔴 → 🔻 → 🔺 ' 와 같이 반복되는 것을 알 수 있지요. 따라서 ③과 ④의 답은 🔺, 🔺이랍니다.

사회

난이도 ★★★

논, 밭, 도로, 다리, 공장 등 사람들이 만든 환경을 ( )이라고 해요.

우리 고장*을 둘러싸고 있는 환경은 크게 자연환경과 인문환경으로 나눌 수 있어요. 산, 강, 바다, 비, 바람 등 자연적인 것을 자연환경이라 하고, 사람들에 의해 만들어진 밭, 도로, 다리, 공장 등을 인문환경이라 한답니다.

어휘 풀이

*고장 사람이 모여 사는 지방이나 지역.

어휘력 쑥쑥

인문환경에 해당되는 것을 몇 가지 더 써 보세요.

3월 March

1일 삼일절

역사
난이도 ★★★

삼일절은 일본에 나라를 빼앗긴 우리 조상들이 1919년 3월 1일에 (   )을 외치며 만세 운동을 펼친 것을 기념하는 날이에요.

일본은 강한 힘을 앞세워 1910년부터 1945년까지 우리 민족을 강제*로 지배*했어요. 이에 우리 조상들은 1919년 3월 1일에 뜻을 모아 우리나라의 독립을 외치며 만세 운동을 벌였답니다.

어휘 풀이

***강제** 권력이나 힘으로 남을 억눌러 원치 않는 일을 억지로 시킴.
***지배** 어떤 사람이나 조직, 집단을 자기 뜻대로 다스림.

3월 March · **2일** · **수학** 난이도 ★★★★

젤리를 한 봉지에 36개씩 담아 친구들에게 주려고 해요. 4명의 친구에게 한 봉지씩 나누어 주려면 젤리는 모두 몇 개가 필요할까요?

젤리가 36개씩 들어 있는 봉지가 모두 4개 필요하므로 이것은 곱셈식으로 나타낼 수 있어요. 즉, 36×4=144이므로 모두 144개의 젤리가 필요하지요.

🎁 더 알아보기
현재 우리가 사용하고 있는 0부터 9까지의 숫자를 '아라비아 숫자'라고 해요. 인도에서 발명되었지만 아랍 사람들이 유럽으로 전하면서 붙여진 이름이지요.

🎁 오늘의 영어 단어
0(zero), 1(one), 2(two), 3(three), 4(four), 5(five), 6(six), 7(seven), 8(eight), 9(nine), 10(ten)

3월 March — 3일 — 국어

난이도 ★★★

괄호 안의 낱말 중 옳은 것에 ○표 하세요.

① 같이 놀면 (좋았을걸, 좋았을껄).
② 숙제만 하고 (갈게, 갈께).
③ 오늘 점심은 어떤 게 (나올가, 나올까)?
④ 허리가 왜 이리 (아플고, 아플꼬)?

'좋았을걸'은 [조아쓸껄]로, '갈게'는 [갈께]로 소리 나지만, 소리가 나는 대로 쓰지는 않아요. 그러나 '나올까'와 '아플꼬'는 소리 나는 대로 쓴답니다.

 어휘력 쑥쑥

위 문제에서 배운 낱말을 넣어 간단한 문장을 만들어 보세요.

3월 March  **4일** **영어**
난이도 ★★★★

그림에서 문장의 내용에 맞게 놓인 학용품*을 모두 찾아 ○표 하세요.

- The pencil is under the desk.
- The ruler is next to the pencil.
- The eraser is under the chair.
- The glue is on the chair.

위의 네 문장을 우리말로 옮기면, '연필은 책상 아래에 있습니다', '자는 연필 옆에 있습니다', '지우개는 의자 아래에 있습니다', '풀은 의자 위에 있습니다'예요. 따라서 그림 속에서 문장에 맞게 놓인 학용품은 '자'와 '풀'이랍니다.

🎁 어휘 풀이
*학용품 공책, 연필, 필통 등 공부와 학습에 필요한 물품.

🎁 오늘의 영어 단어
on(위에), under(아래에), next to(바로 옆에),
in front of(앞에), behind(뒤에), in(안에)

3월 March
5일
과학
난이도 ★★

다음 동물들은 어떠한 특징에 따라 분류한 것일까요?

동물들을 비교해 보면 서로 비슷한 점도, 다른 점도 있어요. 그림 속 동물들의 가장 큰 특징은 닭과 쥐, 새, 개, 새우는 다리가 있고, 달팽이와 지렁이, 물고기는 다리가 없다는 점이에요. 따라서 위의 동물들은 다리가 있고 없고에 따라 분류한 것이지요.

 어휘력 쑥쑥

'동물'을 넣어 간단한 문장을 만들어 보세요.

3월 March

6일

사회
난이도 ★★

사람들이 생활하는 데 필요한 기본적인 세 가지 요소를 ( )라고 해요. 이것은 옷, 음식, 집을 말해요.

사람이 살아가려면 몸을 보호하는 옷, 영양분을 얻기 위한 음식, 안전하고 편안히 쉴 수 있는 집이 필요해요. 이 세 가지 기본 요소를 의식주라고 한답니다.

어휘 풀이
'의식주'를 한 글자씩 풀어 보면 衣(옷 의), 食(밥 식), 住(살 주), 즉 옷과 음식, 집을 뜻해요.

어휘력 쑥쑥
한자 衣, 食, 住가 들어간 낱말을 찾아 써 보세요.

3월 March

7일

한자 난이도 ★★

서로 비슷하게 생긴 한자 天(천)과 夫(부)에 대해 알아보세요.

하늘 **천**   지아비 **부**

天은 하늘을 뜻하고, 夫는 지아비*나 남편, 사내를 뜻해요.

🎁 어휘 풀이
***지아비** 남편을 예스럽게 이르는 말.

🎁 활용 어휘
天國(천국) 사람이 죽어서 간다는 신들의 세계.
夫婦(부부) 남편과 아내.

✈️ 어휘력 쑥쑥
한자 天, 夫가 들어간 낱말을 각각 찾아 써 보세요.

3월 March

8일

미술
난이도 ★★

대상*의 특징을 관찰*하여 그림을 그리려 해요. 어떤 대상을 관찰하는 것일까요?

어떤 대상을 그릴 때는 그 대상의 색과 형태 등을 관찰하고 특징을 찾는 것이 중요해요. 가운데에 작고 까만 씨가 몰려 있고, 껍질에 털이 나 있는 것은 키위예요. 또 두꺼운 껍질에 검은색 줄무늬, 빨간 속살에 검정 씨앗은 수박의 특징이지요.

🎁 어휘 풀이
* **대상** 어떤 일의 상대 또는 목표가 되는 것.
* **관찰** 사물이나 자연 현상을 주의 깊게 살펴보는 것.

🖍 어휘력 쑥쑥
'관찰'을 넣어 간단한 문장을 만들어 보세요.

3월 March — 9일 — 국어
난이도 ★★★

각각의 내용에 알맞은 설명을 선으로 이어 보세요.

- 우리 가족은 • • 언제
- 지난주 토요일에 • • 어디에서
- 제주도에서 • • 누가
- 여행을 했다 • • 무엇을
- 오랜만에 가족 여행을 가서 설레고 좋았다. • • 생각이나 느낌

글을 쓸 때 '누가(우리 가족은)', '언제(지난주 토요일에)', '어디에서(제주도에서)', '무엇을(여행을 했다)', '생각이나 느낌(오랜만에 가족 여행을 가서 설레고 좋았다)' 이 들어가게 쓰면 글을 읽는 사람이 내용을 잘 이해할 수 있어요.

어휘력 쑥쑥

위에서 배운 글쓰기 요소를 넣어 '선물'에 대한 문장을 만들어 보세요.

3월 March

10일

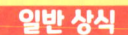

일반 상식

난이도 ★★★

야구 선수들이 눈 밑에 검은 칠을 하는 이유는 경기 중 (   ) 때문에 눈이 부시는 걸 방지*하기 위해서예요.

야구 경기 중 햇빛 때문에 눈이 부시면 선수들이 공을 제대로 보기 어려울 수 있어요. 그래서 선수들은 종종 눈 밑에 검은 칠을 해요. 이것은 검은색이 햇빛을 흡수*하여 눈이 부시지 않게 해 주기 때문이랍니다.

 어휘 풀이

*방지 어떤 일이나 현상이 일어나지 못하게 막음.
*흡수 외부의 물질을 안으로 빨아들임.

어휘력 쑥쑥

'방지'를 넣어 간단한 문장을 만들어 보세요.

3월 March — 11일 — 음악

난이도 ★

빈칸에 음표*의 이름과 알맞은 박의 길이를 써 보세요.

음표	음표이름	박의 길이
o		●●●●
♩	2분음표	●●
♩	4분음표	1박
♪	8분음표	반박

음표의 박자는 얼마 동안 소리를 내야 하는지를 나타내요. ♩(4분음표)는 1박으로 박자*의 기준이 되는데, ♩(2분음표)는 ♩의 두 배인 2박, o(온음표)는 네 배인 4박의 길이만큼 소리를 내면 된답니다.

🎁 어휘 풀이
*음표 악보에서 음의 길이와 높낮이를 나타내는 기호.
*박자 음악적 시간을 이루는 기본적 단위.

🐦 어휘력 쑥쑥
'박자'를 넣어 간단한 문장을 만들어 보세요.

3월 March

수학
난이도 ★★★

원의 성질에 대한 설명 중 잘못된 것을 찾아 바르게 고쳐 보세요.

① 지름은 항상 원의 중심*을 지나요.
② 지름은 원 위의 두 점을 이은 선분* 중 가장 짧아요.
③ 지름은 반지름의 2배예요.
④ 지름은 원을 둘로 똑같이 나눠요.

원의 성질에 대해 잘못 설명한 것은 ②번이에요. 지름은 원 위의 두 점을 이은 선분 중 가장 길지요.

 어휘 풀이
*중심 사물의 한가운데.
*선분 두 점을 곧게 이은 선.

어휘력 쑥쑥
'중심'을 넣어 간단한 문장을 만들어 보세요.

피곤*할 때 코피가 나는 이유는 무엇일까요?

피곤하면 우리 몸의 혈압이 올라가는데, 이때 콧속에 있는 모세혈관*이 터져 코피가 나는 거예요.

어휘 풀이
* **피곤** 몸이나 마음이 지치어 고달픔.
* **모세혈관** 온몸의 조직에 그물처럼 퍼져 있는 매우 가느다란 혈관.

영어

난이도 ★★

아래의 가족을 보고, 각 구성원에 알맞은 영어 단어를 찾아 넣어 보세요.

| mom | sister | brother | dad |

아빠는 dad, 엄마는 mom, 남자 형제(형, 오빠, 남동생)는 brother, 여자 형제(언니, 누나, 여동생)는 sister로 표현할 수 있어요.

🎁 오늘의 영어 단어

grandfather(할아버지), **grandmother**(할머니), **aunt**(고모, 이모, 숙모), **uncle**(고모부, 이모부, 삼촌)

✈️ 어휘력 쑥쑥

자신의 가족 구성원을 영어로 써 보세요.

3월 March

15일

한자
난이도 ★★★★

사자성어 大器晚成(대기만성)의 뜻을 알아보세요.

大	器	晚	成
클 대	그릇 기	늦을 만	이룰 성

너 이번에 본 오디션에서 떨어졌다며. 괜찮아?

괜찮아, 걱정 마. 대기만성이라는 말도 있잖아. 더 크게 되려고 조금 늦는 것뿐이야!

大器晚成(대기만성)은 큰 그릇을 만들려면 오랜 시간이 걸린다는 뜻으로, 크게 될 인물은 많은 수고와 노력을 들이므로 늦게 이루어진다는 말이에요.

 비슷한 속담

고생 끝에 낙이 온다
개구리 움츠리는 뜻은 멀리 뛰자는 뜻이다
로마는 하루아침에 이루어지지 않았다 (서양 속담)

 어휘력 쑥쑥

'대기만성'을 넣어 간단한 문장을 만들어 보세요.

과학
난이도 ★★★

물질의 세 가지 상태 가운데 하나로, 일정한 모양과 부피를 가진 것을 (   )라고 해요.

고체는 담는 그릇에 관계없이 모양과 부피가 변하지 않아요. 책, 컵, 책상, 의자, 그릇 등은 모두 고체로, 이처럼 우리 주변에 있는 대부분의 물건은 고체로 이루어져 있답니다.

 어휘력 쑥쑥

주변에서 볼 수 있는 '고체'를 찾아 써 보세요.

'고체'를 넣어 간단한 문장을 만들어 보세요.

3월 March 17일 국어
난이도 ★★★

띄어쓰기가 필요한 곳에 V표를 해 보세요.

① 바닷물은깊고,구름은천천히흐른다.
② 대기만성은큰그릇을만들려면오랜시간이걸린다는뜻.
③ 야구선수들이눈밑에검은칠을하는이유는무엇일까?
④ 첫째주주말은할머니댁에가는날이다.
⑤ 목표를이루기위해노력을해야한다.

띄어쓰기를 할 때는 낱말과 낱말 사이는 띄어 쓰되, '이/가, 을/를, 은/는, 의'와 같은 말은 앞말에 붙여 써요. 그리고 마침표(.)나 쉼표(,) 뒤에 오는 말은 띄어 쓰지요. 따라서 위의 문장은 ① '바닷물은V깊고,V구름은V천천히V흐른다', ② '대기만성은V큰V그릇을V만들려면V오랜V시간이V걸린다는V뜻', ③ '야구V선수들이V눈V밑에V검은V칠을V하는V이유는V무엇일까?', ④ '첫째V주V주말은V할머니V댁에V가는V날이다', ⑤ '목표를V이루기V위해V노력을V해야V한다'로 띄어 쓸 수 있어요.

✈ 어휘력 쑥쑥

'띄다'을 넣어 간단한 문장을 만들어 보세요.

3월 March — 18일 — 사회

난이도 ★★★

서로 다른 환경에 사는 사람들의 집의 모습을 찾아 연결해 보세요.

덥고 습한 고장의 사람들은 열기와 습기를 피하기 위해 땅에서 높이 띄운 고상 가옥에서 살고, 춥고 눈이 많이 내리는 고장의 사람들은 눈과 얼음으로 만든 이글루에 살아요. 또 초원이 펼쳐진 곳에 사는 사람들은 이동식 집 게르에서 산답니다.

 어휘력 쑥쑥

'집'이 들어간 낱말을 찾아 써 보세요.

- -

3월 March 19일 수학
난이도 ★★★

두 친구 중 누구의 물통에 물을 더 많이 담을 수 있을까요?

내 물통에는 1L 300mL라고 적혀 있어. — 상우

내 물통에는 1,220mL만큼 물을 담을 수 있어. — 지효

두 물통의 들이*를 비교하려면, 우선 L(리터)와 mL(밀리리터)를 통일해야* 해요. 1L는 1,000mL이므로, 들이가 1L 300mL인 상우의 물통은 1,300mL와 같아요. 즉, 상우의 물통은 1,300mL, 지효의 물통은 1,220mL의 물을 담을 수 있기 때문에, 더 큰 물통을 가진 친구는 상우랍니다.

 어휘 풀이

*들이 통이나 그릇 안에 담을 수 있는 공간의 크기.

*통일하다 서로 같거나 일치되게 맞추다.

3월 March

20일

과학
난이도 ★★

담는 그릇에 따라 모양은 변하지만 부피는 변하지 않는 물질의 상태를 (　　　)라고 해요.

액체는 담는 그릇에 따라 모양이 변하며 흐르는 성질이 있어요. 우리 주변에서 볼 수 있는 액체로는 물, 우유, 식용유, 액체 세제, 바닷물 등이 있답니다.

어휘력 쑥쑥

주변에서 볼 수 있는 '액체'를 찾아 써 보세요.

- -

'액체'를 넣어 간단한 문장을 만들어 보세요.

- -

3월 March

21일

영어

난이도 ★★

그림을 보고, 빈칸에 알맞은 감정이나 상태를 표현하는 단어를 찾아 넣어 보세요.

| happy | surprised | sad | shy | angry | tired |

①에는 '행복한'이라는 뜻의 'happy', ②에는 '슬픈'이라는 뜻의 'sad', ③에는 '화난'이라는 뜻의 'angry', ④에는 '수줍은'이라는 뜻의 'shy', ⑤에는 '피곤한'이라는 뜻의 'tired', ⑥에는 '놀란'이라는 뜻의 'surprised'를 넣으면 돼요.

 오늘의 영어 단어

depressed(우울한), **excited**(흥분한), **funny**(재미있는), **bored**(지루한), **hungry**(배고픈), **cold**(추운), **hot**(더운), **sleepy**(졸린), **scary**(무서운), **thirsty**(목마른)

3월 March

22일

음악
난이도 ★★★★

'대취타'는 입으로 부는 악기인 (　　　)와
치는 악기인 (　　　)로 연주하는 음악이에요.

대취타는 예로부터 군대의 행진이나 왕의 행차*, 궁중 무용의 반주*로 연주된 전통 음악이에요. 입으로 부는 악기를 취악기, 치는 악기를 타악기라고 하는데, 취악기인 나각, 나발, 태평소 등과 타악기인 북, 장구, 자바라, 징 등으로 구성된 취타대라는 악단이 연주했어요.

어휘 풀이
*행차 높은 사람이 차리고 나서서 길을 감. 또는 그때 이루는 대열.
*반주 노래나 주요 악기의 연주를 보조하거나 돋보이게 하기 위한 연주.

3월 March **23일** **국어** 난이도 ★★

대화할 때 주의할 점을 바르게 말한 친구는 누구일까요?

(수아) 말하는 내용보다는 표정, 몸짓, 말투에만 신경 써서 말하면 돼.

(민준) 말하는 내용과 표정, 몸짓, 말투가 잘 어울리도록 말해야 해.

대화를 할 때는 민준이의 말대로 표정과 몸짓, 말투를 내용에 어울리도록 자연스럽게 해야 해요. 이렇게 하면 자신의 생각을 더 정확하게 전달할 수 있고, 느낌을 실감* 나게 표현할 수 있답니다.

 어휘 풀이
*실감 실제로 체험하는 느낌.

어휘력 쑥쑥
'실감'을 넣어 간단한 문장을 만들어 보세요.

한자

난이도 ★★

퍼즐 조각을 맞추면 어떤 글자가 나올까요?

다섯 개의 퍼즐 조각을 맞추면 한자 學의 모양이 완성돼요. 바로 '배울 학' 자랍니다.

 활용 어휘

學問(학문) 어떤 분야를 체계적으로 배워서 익힘.
學校(학교) 학생에게 교육을 실시하는 기관.
文學(문학) 사상이나 감정을 언어로 표현한 예술.

 어휘력 쑥쑥

한자 學이 들어간 낱말을 찾아 써 보세요.

3월 March — 25일

과학 난이도 ★★

눈에 보이지 않고 손으로도 잡을 수 없지만, 고체나 액체처럼 공간을 차지하는 물질의 상태를 (　　　　)라고 해요.

기체는 일정한 모양과 부피는 없지만, 고체나 액체처럼 공간을 채우는 성질이 있어요. 축구공, 풍선, 튜브 등은 이와 같은 기체의 성질을 이용한 물건이에요.

🎁 더 알아보기

물질은 열을 받아들이느냐 빼앗기느냐에 따라 상태가 변해요. 고체가 열을 받아들이면 액체가 되고, 열을 더 받아들이면 기체가 돼요. 반대로 기체가 열을 빼앗기면 액체가 되고, 열을 더 빼앗기면 고체가 되지요.

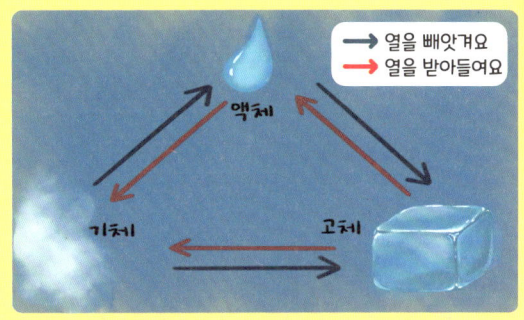

26일

수학
난이도 ★★

몫*이 8인 나눗셈을 모두 찾아 색칠했을 때 나타나는 한글 모음*은 무엇일까요?

72÷6 =	40÷5 =	64÷4 =
81÷9 =	48÷6 =	72÷8 =
64÷8 =	72÷9 =	56÷7 =

각각의 답을 구한 다음, 몫이 8인 것에 색을 칠해 보면, 오른쪽의 그림과 같이 나타낼 수 있어요. 이때 나타나는 한글 모음은 'ㅗ'랍니다.

72÷6 = 12	40÷5 = 8	64÷4 = 16
81÷9 = 9	48÷6 = 8	72÷8 = 9
64÷8 = 8	72÷9 = 8	56÷7 = 8

 어휘 풀이
*몫 어떤 수를 다른 수로 나누었을 때 나오는 수.
*모음 '홀소리'라고 하며 'ㅏ', 'ㅑ', 'ㅓ', 'ㅕ' 등이 있다.

 어휘력 쑥쑥
'몫'을 넣어 간단한 문장을 만들어 보세요.

3월 March **27일** **안전한 생활**
난이도 ★★★

벌에 쏘이면* 어떻게 응급 처치*를 해야 할까요?

벌에 쏘였을 경우에는 맨 먼저 카드같이 날카롭지 않은 것으로 피부를 밀어내듯 벌침을 빼 주어야 해요. 그 후 비눗물로 상처를 씻고, 얼음찜질을 하여 통증*과 부기를 가라앉혀 줘요. 그리고 숨쉬기가 어렵다거나 두드러기가 나는 등 알레르기 증상이 나타난다면 곧바로 병원에 가거나 119를 불러야 한답니다.

🎁 **어휘 풀이**
- ***쏘이다** 벌레의 침과 같은 것으로 살이 찔리다.
- ***응급 처치** 갑작스러운 병이나 상처로 위급한 상황에 놓인 환자에게 임시로 하는 치료.
- ***통증** 아픈 증세.

난이도 ★★★★

우리나라가 '코리아(KOREA)'라고 불리게 된 것은, 고려 시대에 물건을 사고팔기 위해 예성항(벽란도)을 방문한 아라비아 상인들이 (   )를 '코리아'라고 부르기 시작하면서였답니다.

'예성항(벽란도)'은 고려 시대의 무역항으로, 이곳을 통해 중국 송나라뿐만 아니라 일본, 아라비아 상인들도 드나들며 교역*을 했어요. 이때 아라비아 상인들이 고려를 '코리아'라고 부르면서 우리나라가 '코리아'라고 불리게 되었답니다.

 어휘 풀이
*교역 주로 나라와 나라 사이에 물건을 사고팔거나 서로 교환함.

 더 알아보기
대한민국의 국가는 애국가라고 해요. 국기는 태극기, 국화는 무궁화지요.

난이도 ★★★

눈으로는 잘 볼 수 없는 아주 미세한* 물체나 물질을 크게 확대하여 잘 볼 수 있도록 하는 기구인 (   )은 16세기에 처음 등장했답니다.

현미경은 세균처럼 우리 눈에 보이지 않는 미세한 물체나 물질을 볼 수 있는 기구예요. 1660년대에 레이우엔훅은 현대의 현미경과 가장 유사한 현미경을 발명하여 미생물의 존재를 세상에 처음 알리기도 했지요. 오늘날에는 수백만 배까지 확대해서 볼 수 있는 전자현미경도 개발*되었답니다.

🎁 어휘 풀이
*미세하다 어떤 대상이 다른 것과 구별하기 어려울 정도로 아주 작다.
*개발 새로운 것을 연구하여 만들어 냄.

🚀 어휘력 쑥쑥
'미세하다'를 넣어 간단한 문장을 만들어 보세요.

3월 March

30일

역사
난이도 ★★★★

해인사에 있는 팔만대장경은 언제, 왜 만들어졌을까요?

몽골의 침입을 받은 고려 사람들은 정성을 다해 팔만대장경을 만들었어요. 여기에는 백성들의 마음을 모으고 부처님으로부터 도움을 받고자 하는 소망이 담겨 있었지요. 팔만대장경을 만드는 데는 16년이라는 긴 시간이 걸렸지만, 몽골과의 전쟁은 이후로도 오랫동안 계속되었답니다.

🎁 더 알아보기

유네스코 세계 기록 유산으로 등재된 팔만대장경은 불경을 새긴 나무 판의 수만 해도 8만 개가 넘어요. 현재 해인사 장경판전에 보관되어 있지요.

3월 March

영어
난이도 ★★★

윤석이가 벼룩시장에 갔어요. 그림에서 가장 비싼 물건은 어떤 것일까요?

'two thousand won'은 2,000원이고, 'nine hundred won'은 900원이에요. 또 'one thousand five hundred won'은 1,500원이므로, 가장 비싼 물건은 곰 인형이랍니다.

더 알아보기

국가	화폐 단위	기호	통화 코드
대한민국	원	₩	KRW
중국	위안	¥	CNY
일본	엔	¥	JPY
미국	달러	$	USD
영국	파운드	£	GBP
유럽 연합	유로	€	EUR

4월 April

국어
난이도 ★★

밑줄 친 부분을 보고 주어진 상황에 맞는 표정, 몸짓, 말투가 잘못된 것을 골라 바르게 고쳐 보세요.

① 어른께 감사 인사를 할 때는 공손하게 고개를 숙인다.
② 사과할 때는 밝은 표정을 지으며 말한다.
③ 부탁할 때는 부드러운 말투로 말한다.
④ 칭찬할 때는 미소를 지으며 다정하게 말한다.

말할 때 표정과 몸짓, 말투에 주의하면* 상대방에게 내 마음을 더 잘 전할 수 있어요. 그런데 ② 사과할 때 밝은 표정을 지으면 사과하는 사람의 마음이 진심*이라고 느껴지지 않으므로, 반드시 미안해하는 표정을 지으며 말해야 한답니다.

🎁 어휘 풀이

***주의하다** 마음에 새겨 두고 조심함.
***진심** 거짓이 없는 참된 마음.

4월 April

2일

영어

난이도 ★★

그림을 보고, 날씨에 알맞은 영어 단어를 골라 써 보세요.

| rainy | sunny | windy | snowy |

① ② ③ ④

① rainy(비 오는), ② snowy(눈 오는), ③ sunny(햇빛 나는), ④ windy(바람 부는)가 날씨에 알맞은 표현이에요.

🎁 오늘의 영어 단어

cloudy(흐린, 구름 낀), foggy(안개 낀), hot(더운), cold(추운), lightning(번개가 치는), stormy(폭풍이 몰아치는), clear(맑은)

어휘력 쑥쑥

오늘의 날씨와 어울리는 영어 단어를 써 보세요.

유진이의 방 창문은 정사각형 모양으로, 한 변*의 길이가 158cm예요.
창문의 네 변의 길이의 합은 몇 cm일까요?

정사각형은 네 변의 길이가 같은 사각형이므로, '한 변의 길이×4'로 계산하면 돼요. 유진이의 방 창문의 한 변의 길이인 158에 4를 곱하면 632가 나오므로 창문의 네 변의 길이의 합은 632cm랍니다.

 어휘 풀이

*변 삼각형, 사각형 등 다각형을 이루는 곧은 선.

더 알아보기

1mm(밀리미터) - 10배 ⇒ 1cm(센티미터) - 100배 ⇒ 1m(미터) - 1000배 ⇒ 1km(킬로미터)

4월 April

4일

과학
난이도 ★★★

동굴에서 말을 할 때 소리가 울려서 들리는 이유는 무엇일까요?

동굴에서 말을 하면 소리가 울리는 경험*을 해 본 적이 있을 거예요. 이는 소리가 동굴 벽에 부딪혀 되돌아오기 때문이지요. 이처럼 소리가 물체에 부딪쳐 되돌아오는 성질을 소리의 '반사'라고 해요. 실내* 공연장의 천장에 반사판을 설치하는 이유도 소리를 반사시켜 공연장 구석구석까지 골고루 전달하기 위해서랍니다.

 어휘 풀이
* **경험** 실제로 해 보거나 겪음.
* **실내** 방이나 건물 안.

어휘력 쑥쑥
'소리'를 넣어 간단한 문장을 만들어 보세요.

- -

4월 April

식목일

일반 상식
난이도 ★★★

오늘은 식목일, 나무가 우리에게 꼭 필요한 이유를 알아볼까요?

나무는 우리 삶에 없어서는 안 될, 꼭 필요한 자원*이에요. 비가 많이 올 때는 홍수*를 막아 주고, 공책이나 연필, 가구 등의 재료가 되며, 공기를 깨끗하게 만들어 주거든요. 이 외에도 나무는 많은 역할*들을 하고 있어요.

🎁 어휘 풀이

*자원 인간 생활에 쓰이는 모든 것.

*홍수 비가 많이 와서 강이나 개천에 갑자기 크게 불은 물.

*역할 마땅히 해야 할 임무.

어휘력 쑥쑥

'자원'을 넣어 간단한 문장을 만들어 보세요.

- -

4월 April
6일
역사
난이도 ★★★

백제의 마지막 왕이었던 (   )은 처음엔 나라를 잘 다스렸지만, 점차 **향락***에 빠져 나랏일에는 신경을 쓰지 않았어요.

의자왕은 술과 **궁녀***에 빠지고, **간신***의 말만 듣는 등 나랏일에 점점 무관심해졌어요. 결국 힘이 약해진 백제는 신라와 당나라 연합군(나당 연합군)이 쳐들어오자 힘없이 무너져 버렸답니다.

🎁 어휘 풀이
***향락** 쾌락을 누림. ***궁녀** 궁궐 안에서 왕과 왕비를 가까이 모시는 여자.
***간신** 자신의 이익을 위해 나쁜 꾀를 부리는 신하.

어휘력 쑥쑥
'간신'을 넣어 간단한 문장을 만들어 보세요.

한자
난이도 ★★★

사자성어 雪上加霜(설상가상)의 뜻을 알아볼까요?

雪上加霜(설상가상)은 눈 위에 또 서리가 내린다는 뜻으로, 안 좋은 일이 겹쳐서 왔을 때 사용하는 말이랍니다.

 비슷한 속담
하품에 딸꾹질 / 얼어 죽고 데어 죽는다 /
기침에 재채기 / 눈 위에 서리 친다

어휘력 쑥쑥
'설상가상'을 넣어 간단한 문장을 만들어 보세요.

4월 April
8일
음악
난이도 ★★

「리 자로 끝나는 말은」의 노래 가사를 「미 자로 끝나는 말은」이라는 가사로 바꾸어 보세요.

리, 리, 리 자로 끝나는 말은
개나리, 보따리, 거머리, 봉우리, 유리, 항아리
리, 리, 리 자로 끝나는 말은
꾀꼬리, 소쿠리, 고사리, 미나리, 체리, 개구리

미, 미, 미 자로 끝나는 말은

노래의 가사를 바꾸어 보면 새로운 재미를 느낄 수 있어요. 예를 들어, 미 자로 끝나는 말에는 수세미, 다리미, 두루미, 올빼미, 장미, 주꾸미 같은 것들이 있지요. 이 외에도 여러 가지 단어로 바꾸어 볼 수 있답니다.

사회
난이도 ★★★

옛날과 오늘날의 생활 도구를 비교하고 괄호 안에 알맞은 도구 이름을 써 보세요.

곡식을 수확할 때

음식 재료를 갈 때

옛날 낫   **오늘날** (   )   **옛날** (   )   **오늘날** 믹서

생활 도구가 달라지면 생활 모습도 변화해요. 옛날에 곡식을 수확할 때는 주로 낫을 사용했지만, 오늘날에는 수확기(콤바인)로 손쉽게 벼를 수확해요. 또 음식 재료를 갈 때 옛날에는 맷돌을 사용했지만, 오늘날에는 믹서를 이용하여 버튼 하나로 편리하게 이용할 수 있지요.

🎁 더 알아보기

곡식을 수확하는 도구는 시대마다 바뀌어 왔어요. 청동기 시대에는 돌로 만든 반달돌칼을 사용했는데, 철기 시대가 되면서 낫으로 바뀌었다가 오늘날에는 수확기(콤바인)로까지 발전했지요.

어휘력 쑥쑥

집에서 사용하는 물건 중 세월에 따라 변화한 것을 찾아 써 보세요.

과학

난이도 ★★★

빛이 1년 동안 가는 거리를 (　　　)이라고 해요.

'광년'은 천체와 천체 사이의 거리를 나타내는 단위예요. '1광년'은 빛이 초속 30만 km의 속도로 1년 동안 나아가는 거리로 9조 4,670억 7,782만 km이지요. '1광년'을 시속 약 100km로 달리는 차로 간다면 이동하는 데 약 1,000만 년이 걸리고, 시속 약 1,000km로 날아가는 비행기를 타고 가도 약 100만 년이 걸리는 거리랍니다.

🎁 어휘 풀이

9조 4,670억 7,782만의 각 자리 숫자와 자릿값을 읽어 보면 '구조 사천육백칠십억 칠천칠백팔십이만'이에요.

천조	백조	십조	조	천억	백억	십억	억	천만	백만	십만	만	천	백	십	일
0	0	0	9	4	6	7	0	7	7	8	2	0	0	0	0

나무, 금속, 돌 등에 그림을 새기고 색을 칠한 뒤에 종이나 천에 찍어 낸 그림을 (　　　)라고 해요.

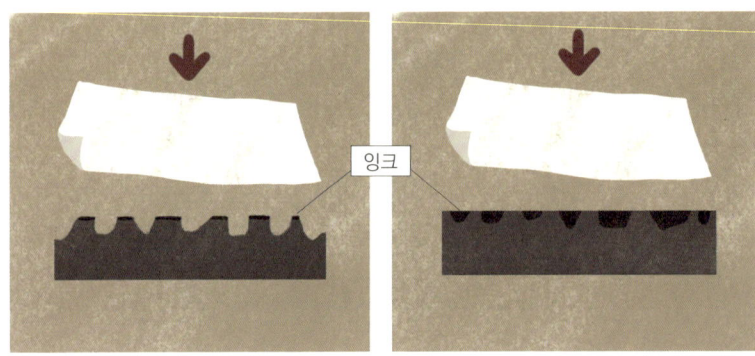

볼록판화　　　오목판화

판화는 같은 그림을 여러 장 찍을 수 있다는 특징이 있어요. 판의 형태에 따라 볼록한 부분에 잉크를 묻혀 찍어 내는 볼록판화, 오목한 부분에 잉크를 밀어 넣어 눌러 찍어 내는 오목판화 등이 있답니다.

더 알아보기

볼록판화와 동일한 방식으로 만든 팔만대장경(3월 30일 참고)은 나무 판에 한자를 볼록하게 조각하여 종이에 찍어서 책을 만들 수 있도록 했어요. 이러한 방식을 목판 인쇄술이라고 해요.

영어
난이도 ★★

그림을 보고 알맞은 표현을 골라 보세요.

① The teacher plays the piano.
② The students watch the movie.
③ The teacher explains math.

①번 문장은 '선생님이 피아노를 연주해요'이고, ②번 문장은 '학생들이 영화를 봐요'예요. ③번 문장은 '선생님이 수학을 가르쳐요'이므로, 그림에 어울리는 답은 ③번이랍니다.

 오늘의 영어 단어

math(수학), science(과학), society(사회), history(역사), music(음악), art(미술), English(영어)

국어

난이도 ★★

서로 뜻이 반대인 낱말을 찾아 선으로 이어 보세요.

- 덥다 · · 채우다
- 넓다 · · 좁다
- 묶다 · · 춥다
- 비우다 · · 작다
- 크다 · · 풀다

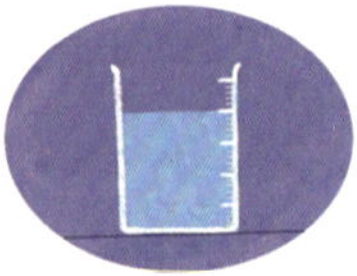

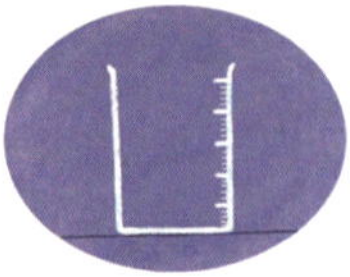

반대말은 서로 정반대되는 뜻을 담고 있는 한 쌍의 낱말이에요. 덥다의 반대말은 '춥다', 넓다의 반대말은 '좁다', 묶다의 반대말은 '풀다', 비우다의 반대말은 '채우다', 크다의 반대말은 '작다'이지요.

역사

난이도 ★★★

불국사와 석굴암은 (　　　　　) 시대를 대표하는 불교 **문화재***예요.

불국사

석굴암

불국사와 석굴암은 통일 신라 시대를 대표하는 불교 문화재로 손꼽혀요. 어마어마한 규모에 예술적 **가치***가 더해진 이 문화재를 통해 통일 신라 시대의 건축 기술이 매우 뛰어났으며, 불교가 신라의 귀족들로부터 많은 도움을 받았다는 것을 알 수 있지요.

어휘 풀이

***문화재** 옛사람들이 남긴 것들 중 역사적, 문화적으로 가치가 높아 보호해야 하는 것.
***가치** 대상이 인간에게 지니는 중요성이나 쓸모.

 어휘력 쑥쑥

'문화재'를 넣어 간단한 문장을 만들어 보세요.

일반 상식

난이도 ★

오전, 오후의 뜻을 알아보세요.

하루, 즉 1일은 24시간이에요. 그 가운데 밤 12시부터 낮 12시까지의 시간을 '오전'이라 하고, 낮 12시부터 밤 12시까지를 '오후'라고 한답니다.

 더 알아보기

하루는 24시간, 1시간은 60분, 1분은 60초예요.

 어휘력 쑥쑥

'오전' 또는 '오후'를 넣어 간단한 문장을 만들어 보세요.

일반 상식
난이도 ★★★

세계에서 가장 높은 산은 어디일까요?

산의 높이는 해수면*으로부터 계산하여 재는데, 보통 '해발 00미터'라고 하지요. 이를 기준으로 하면 세계에서 가장 높은 산은 에베레스트산으로, 높이가 해발 8,848미터랍니다.

 어휘 풀이

***해수면** 바닷물의 표면.

 더 알아보기

우리나라에서 가장 높은 산은 제주도에 있는 한라산이에요. 높이는 약 1,950미터이지요.

4월 April

17일

사회
난이도 ★★★

다음의 가족은 어떤 형태의 가족인지 알아보세요.

우리 집은 할머니, 할아버지, 엄마, 아빠, 나, 동생이 함께 사는 (　　　)이야.

우리 집은 엄마, 아빠, 오빠, 나로 이루어진 (　　　)이야.

결혼한 자녀와 부모가 함께 사는 가족을 '확대 가족'이라 하고, 결혼하지 않은 자녀와 부모, 또는 부부로만 이루어진 가족을 '핵가족'이라고 한답니다.

🎁 더 알아보기

조손 가족 조부모와 손자, 손녀로 구성된 가족.
한 부모 가족 부모 중 한쪽이 자녀를 양육하는 가족.
다문화 가족 부모 중 한쪽이 외국인인 가족.

4월 April 18일 국어

난이도 ★★★

다음 중 밑줄 친 **부사***가 잘못 사용된 것을 골라 보세요.

① 강아지가 반갑게 꼬리를 흔들어요.
② 전쟁에서 용감하게 싸웠어요.
③ 친구와 사이좋게 다투었어요.

'반갑게'는 '그리워하던 사람을 만나거나 원하는 일이 이루어져 마음이 즐겁다', '용감하게'는 '용기 있고 씩씩하다'는 의미로 사용되는 부사예요. '사이좋게'는 '서로 친하다'는 뜻을 나타내므로 '다투다'라는 **동사***와 서로 어울리지 않아요.

어휘 풀이

***부사** 동사 또는 사물의 성질이나 상태를 나타내는 형용사를 꾸며 주는 낱말.
***동사** 사물의 움직임을 나타내는 낱말.

어휘력 쑥쑥

'놀다'라는 동사와 어울리는 부사를 넣어 간단한 문장을 만들어 보세요.

과학
난이도 ★★

자연 현상에 의해 바위나 돌이 부서지면 작은 알갱이가 되고, 이 작은 알갱이는 (　　　)이 된답니다.

바위

자갈

흙

자연에서는 바위틈에서 나무뿌리가 자라거나, 바위틈으로 스며든 물이 얼었다 녹으면서 오랜 세월에 걸쳐 바위를 부수기도 해요. 부서진 바위는 자갈, 모래와 같은 작은 알갱이가 되고 이윽고 흙이 되지요. 이러한 자연 현상을 풍화 작용이라고 한답니다.

🎁 더 알아보기

흙에는 자갈이나 모래 성분 외에도 식물의 뿌리나 줄기, 작은 곤충 등이 썩은 것들도 포함되어 있어요. 식물은 흙 속에 들어 있는 이와 같은 물질들을 영양분으로 사용한답니다.

🐦 어휘력 쑥쑥

'흙'을 넣어 간단한 문장을 만들어 보세요.

4월 April — 20일 — 일반 상식
난이도 ★★★

길에서 흔히 볼 수 있는 맨홀* 뚜껑은 왜 둥근 모양인지 알아보세요.

맨홀 뚜껑은 왜 둥근 모양일까? 세모나 네모 모양은 없는 걸까?

원의 지름은 어느 방향에서 재도 모두 같지만 삼각형이나 사각형 등 다각형은 폭이 긴 쪽과 짧은 쪽이 있어요. 맨홀 뚜껑은 폭이 일정하지 않으면 방향을 바꾸어 넣거나 수직으로 세울 경우 밑으로 빠질 위험이 있기 때문에, 세모나 네모 모양이 아닌 둥근 모양으로 만든답니다.

 어휘 풀이
*맨홀 땅속에 묻은 수도관 등을 검사하거나 수리, 청소하기 위해 사람이 드나들 수 있도록 만든 구멍.

 어휘력 쑥쑥
'모양'을 넣어 간단한 문장을 만들어 보세요.

4월 April
21일
수학
난이도 ★★

떡집에서 오늘 하루 만든 꿀떡은 467개예요. 상자 한 개에 꿀떡을 8개씩 포장했더니 남는 꿀떡이 생겼어요. 꿀떡을 남김없이 포장하려면 몇 개를 더 만들어야 할까요?

467을 8로 나누면(467÷8) 몫은 58, 나머지는 3이므로 꿀떡을 8개씩 58상자에 담으면 3개의 꿀떡이 남아요. 꿀떡을 남김없이 포장하려면 8개가 채워져야 하는데 3개가 남았으므로 8-3=5, 즉 5개의 꿀떡을 더 만들어야 한답니다.

더 알아보기
아라비아 숫자 1, 2, 3, 4, 5, 6, 7, 8, 9, 10을 로마 숫자로 쓰면 Ⅰ, Ⅱ, Ⅲ, Ⅳ, Ⅴ, Ⅵ, Ⅶ, Ⅷ, Ⅸ, Ⅹ이에요. 고대 로마에서 만들어져 오늘날 전 세계에서 사용되는 숫자이지요.

어휘력 쑥쑥

'포장'을 넣어 간단한 문장을 만들어 보세요.

4월 April

한자
난이도 ★★★

한자 脚光(각광)의 뜻을 알아보세요.

脚	光
다리 각	빛 광

脚光(각광)은 다리를 비추는 빛을 뜻해요. 본래는 무대 앞쪽 아래에서 배우를 비추어 주는 광선을 뜻하는 말인데, 사회적으로 주목이나 관심을 받게 된다는 의미인 '각광받다'는 표현으로 많이 쓰여요.

🎁 활용 어휘

三**脚**臺(삼각대) 사진기나 기관총 등을 얹어 놓는, 세 발이 달린 받침대.
脚本(각본) 연극이나 영화를 만들기 위해 쓴 글.
光澤(광택) 빛의 반사로 물체의 표면에서 반짝이는 빛.
夜**光**(야광) 어둠 속에서 빛을 냄.

어휘력 쑥쑥

'각광'을 넣어 간단한 문장을 만들어 보세요.

4월 April

23일

역사

난이도 ★★★

백성들이 겨울을 따뜻하게 날 수 있도록 목화씨를 들여온 사람은 누구일까요?

나, ( )이 원나라에서 목화씨를 가져왔지.

드디어 우리도 겨울을 따뜻하게 날 수 있겠구나.

정말 따뜻해요!

고려 때, 문익점은 원나라에 사신*으로 갔다가 그곳 백성들이 목화를 키워 따뜻한 무명옷*을 지어 입는 것을 보았어요. 문익점은 추운 겨울에도 얇은 삼베옷*만 겹겹이 껴입는 고려의 백성들을 위해 붓두껍* 속에 몰래 목화씨를 숨겨 와 고려 땅에 퍼뜨렸고, 덕분에 고려의 백성들은 따뜻하게 겨울을 날 수 있었어요.

어휘 풀이

*사신 임금이나 나라의 명령을 받고 외국에 일을 하러 간 신하.
*무명옷 목화를 재료로 하여 만든 무명으로 지은 옷.
*삼베옷 삼을 재료로 하여 만든 삼베로 지은 옷.
*붓두껍 붓의 털로 된 부분에 끼워 두는 뚜껑.

4월 April

24일

음악
난이도 ★★★

다음에 설명하는 작곡가*가 누군지 알아보세요.

나는 러시아의 작곡가예요. 내가 작곡한 발레 모음곡 「호두까기 인형」은 독일의 호프만이 만든 동화 「호두까기 인형과 생쥐 왕」을 바탕으로 만들었지요. 나는 누구일까요?

발레 모음곡*「호두까기 인형」은 러시아의 유명한 작곡가 차이콥스키의 작품이에요. 차이콥스키는 「호두까기 인형」 외에도 「백조의 호수」, 「잠자는 숲속의 미녀」 등을 작곡했답니다.

🎁 어휘 풀이
* **작곡가** 전문적인 기술을 가지고 음악을 만드는 사람.
* **모음곡** 여러 악곡을 모아서 하나의 곡으로 조합한 기악곡.

🎁 더 알아보기
「호두까기 인형」 줄거리
주인공 클라라는 삼촌에게 크리스마스 선물로 호두까기 인형을 받아요. 그날 밤 살아 움직이게 된 호두까기 인형은 생쥐들이 쳐들어오자, 클라라와 힘을 합쳐 생쥐들을 물리쳐요. 왕자로 변한 호두까기 인형은 클라라를 과자의 왕국으로 데려가지요.

4월 April

 25일

과학
난이도 ★★★

동물의 수컷이 암컷보다 겉모습이 화려한 이유는,
암컷에게 잘 보여 (　　　)을 번식*시키기 위해서예요.

원앙(왼쪽이 수컷)

사자(왼쪽이 수컷)

동물들 가운데 수컷이 암컷보다 유난히 화려한 겉모습을 가진 경우가 있어요. 이는 암컷에게 잘 보여서 자신의 종족*을 번식시키기 위함이지요. 수컷이 암컷보다 화려한 동물로는 사자, 공작새, 원앙, 닭, 꿩 등이 있답니다.

🎁 어휘 풀이
*번식 생물이 많이 퍼지는 것.
*종족 같은 종류의 생물.

어휘력 쑥쑥
'번식'을 넣어 간단한 문장을 만들어 보세요.

국어
난이도 ★★★

상자 속 낱말들을 뜻이 비슷한 것끼리 나누어 써 보세요.

| 가꾸다 | 뜨겁다 | 키우다 | 무덥다 | 후텁지근하다 | 보살피다 |

'가꾸다', '키우다', '보살피다'는 정성*을 들여 보호하는 것을 의미하고, '뜨겁다', '무덥다', '후텁지근하다'는 조금 불쾌*할 정도로 더운 것을 의미해요. 이처럼 뜻이 서로 비슷한 말을 '유의어'라고 하지요.

어휘 풀이
*정성 온갖 힘을 다하려는 참된 마음.
*불쾌 못마땅하여 기분이 좋지 않음.

어휘력 쑥쑥
'정성'을 넣어 간단한 문장을 만들어 보세요.

영어
난이도 ★★

각각의 그림자가 의미하는 단어를 찾아 써 보세요.

| sleeping | dancing | cleaning | singing | cooking |

① 춤을 추고 있는 그림자는 dancing, ② 요리하고 있는 그림자는 cooking, ③ 노래하고 있는 그림자는 singing, ④ 누워서 잠자고 있는 그림자는 sleeping, ⑤ 청소기를 사용하고 있는 그림자는 cleaning으로 표현할 수 있어요.

 오늘의 영어 단어

dancer(춤추는 사람), **singer**(가수), **stage**(무대), **cook**(요리사, 요리), **dream**(꿈, 꿈꾸다), **vacuum**(청소기), **shadow**(그림자)

4월 April

28일

일반 상식
난이도 ★★★★

손가락 끝에는 사람마다 각각 다른 무늬가 있어요. 이것을 (　　)이라고 해요.

지문은 손가락 끝에 있는 소용돌이 모양의 무늬를 말해요. 사람마다 각각 달라서 그 사람의 신원*을 확인하는 데 사용하지요. 또 물건의 촉감*을 느끼게 하고, 물건을 잘 집을 수 있도록 해 준답니다.

 어휘 풀이

*신원 주소나 직업 등 개인이 자라 온 과정과 관련된 자료.
*촉감 물건이 피부에 닿아서 느껴지는 감각.

 더 알아보기

지문은 범죄 수사의 중요한 증거로 이용되기도 해요. 범죄 현장에 남아 있는 지문을 조사하여 범인을 찾아내는 경우도 있지요.

난이도 ★★★ 수학

그림을 보고 괄호 안을 채운 다음, □ 안에 알맞은 수를 써넣으세요.

이등변 삼각형은 (   )의 길이가 (   ).

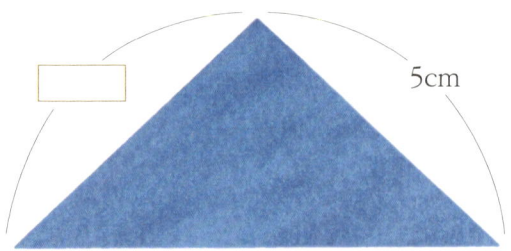

이등변 삼각형은 두 변의 길이가 같다는 점이 특징이에요. 따라서 □ 안에 들어갈 알맞은 수는 5cm랍니다.

더 알아보기

정삼각형

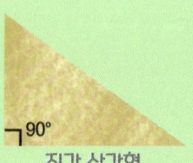
직각 삼각형

이등변 삼각형 외에도 삼각형의 종류는 다양해요. 세 변의 길이가 같고 삼각형 안쪽에 있는 세 각의 크기가 모두 60°인 '정삼각형'이 있고, 세 개의 각 중 한 개가 직각(90°)인 직각 삼각형도 있어요.

일반 상식

난이도 ★★★

노벨은 (　　　)를 발명하여 벌어들인 재산을 인류를 위해 큰 공을 세운 사람들에게 쓰길 원했고, 훗날 그의 뜻을 받들어 노벨상이 만들어졌어요.

다이너마이트를 발명한 알프레드 노벨은 엄청난 돈과 명성을 얻었어요. 그러나 다이너마이트가 전쟁에 쓰여 많은 사람의 생명을 앗아간 것을 알고 자신의 전 재산을 인류를 위해 사용해 달라는 유언을 남겼어요. 이후 그의 이름을 딴 노벨상이 만들어졌지요.

 더 알아보기

2000년, 김대중 전 대통령은 한국인 최초로 노벨 평화상을 수상했답니다.

노벨상

5월 May — 1일

안전한 생활
난이도 ★★★

다음 그림을 보고 캠핑을 갔을 때 주의해야 할 점에 대해 생각해 보세요.

즐거운 캠핑을 떠나기 전, 조심해야 할 점들을 미리 알아 두는 것이 중요해요. 우선 텐트를 칠 때는 계곡이나 강가와 벼랑* 아래는 피해야 해요. 홍수나 산사태의 위험이 있거든요. 또 풀숲에는 뱀이나 벌, 독충* 등이 있을 수 있으니 절대로 혼자 풀숲에 들어가서는 안 돼요. 모르는 식물이나 열매도 함부로 먹어선 안 된답니다.

 어휘 풀이
*벼랑 낭떠러지의 가파른 언덕.
*독충 독을 가진 벌레.

평행선에 대해 바르게 말한 친구는 누구일까요?

두 직선이 서로 만나 직각(90°)을 이룰 때 '수직'이라고 하고, 두 직선이 서로 만나지 않고 나란히 뻗어 가는 것을 평행하다고 하며 이 두 직선을 '평행선'이라고 해요. 따라서 바르게 말한 친구는 현우랍니다.

다음 대화에서 잘못된 높임말을 바르게 고쳐 보세요.

윗어른*과 대화할 때는 높임말을 써야 해요. 그런데 윤아는 할머니께 올바른 높임말을 쓰는 대신, 친구를 대하듯 반말*로 이야기하고 있지요. 따라서 적절한 높임말로 바꾸면, "네, 할머니도 진지 드셨어요(잡수셨어요)?"라고 할 수 있답니다.

어휘 풀이
***윗어른** 자신보다 나이가 많은 어른.
***반말** 매우 친한 사람과 대화할 때 편하게 쓰는 말투.

더 알아보기
높임말은 존댓말이라고도 해요. '존대'는 한자로 '높을 존(尊)'과 '대접할 대(待)'이며, '공경하여 받들어 대하다'는 뜻이 있으므로 윗어른에게는 존댓말을 써야 해요.

어휘력 쑥쑥
높임말 '여쭈다'와 '드리다'를 써서 간단한 문장을 만들어 보세요.

5월 May

4일

미술
난이도 ★★★

다음에 설명하는 사람이 누군지 알아보세요.

나는 조선 중기의 뛰어난 학자인 율곡 이이의 어머니이자 조선 최고의 여성 화가예요. 시와 그림, 글씨에 재주가 있었지요. 주로 뒤뜰의 꽃이나 풀, 곤충을 즐겨 그리곤 했는데, 내가 그린 그림 속 곤충을 진짜인 줄 알고 닭이 쪼아 먹었다는 이야기도 있어요. 나는 누구일까요?

조선 중기의 위대한 학자 율곡 이이의 어머니인 신사임당은 훌륭한 서예가, 화가로도 이름을 날렸어요. 대표적인 작품으로는 「산수도」, 「초충도」 등이 있지요.

「산수도」

「초충도」 중 '가지와 방아깨비'

5월 May

5일 어린이날 **역사**
난이도 ★★★

소파 (　　　　)은 우리나라 최초로 어린이날을 만들고 어린이의 교육과 인권*을 보호하기 위해 힘쓴 사람이에요.

희망을 위하여, 내일을 위하여, 다 같이 어린이를 잘 키웁시다! 소년 소녀 단 한 사람도 빼놓지 말고 한결같이 좋은 사람이 되게 합시다!

방정환은 일제 강점기에 활동한 독립 운동가이자 아동 문학가예요. 그는 나라의 독립을 위해서는 다음 세대인 어린이들이 바르게 잘 자라야 한다고 생각했어요. 그래서 방정환은 어린이날을 만들고 순수 어린이 잡지인 《어린이》를 펴내는 등 어린이의 인권을 위해 평생을 바친 위인이랍니다.

 어휘 풀이
*인권 인간으로서의 기본적 권리.

어휘력 쑥쑥
'인권'을 넣어 간단한 문장을 만들어 보세요.

5월 May / 6일

과학   난이도 ★★★

산이나 바다, 강에 가면 샌드위치처럼 층층이 쌓인 절벽을 볼 수 있어요.
이것의 이름과 그 특징은 무엇일까요?

왜 돌이 층을 이루어 쌓여 있는 걸까?

오랜 세월이 흐르는 동안 여러 종류의 흙이 쌓여 층을 이루면서 돌처럼 굳어진 것을 지층이라고 해요. 지층은 층마다 색깔이나 모양, 두께가 다르고 그 층을 이루고 있는 알갱이의 크기 또한 달라요.

 더 알아보기

지층을 보면 그것이 만들어진 당시의 장소나 환경을 알 수 있어요. 얕은 물가나 바다였던 곳에서는 물결무늬 지층이, 바람이 강하게 불고 바람의 방향이 변하는 곳에서는 엇갈린 무늬의 지층이 만들어져요. 또 날씨가 건조한 곳에서는 갈라진 지층이 만들어지지요.

5월 May

7일

영어
난이도 ★★★

그림 속 국기는 어느 나라의 국기일까요? 알맞은 나라 이름에 ○표 하세요.

U.S.A.
Australia

Belgium
Germany

Netherlands
France

Australia
England

 는 미국의 국기이므로 U.S.A., 는 독일의 국기이므로 Germany, 는 프랑스의 국기이므로 France, 는 호주의 국기이므로 Australia 에 ○표 하면 돼요.

 더 알아보기

 Netherlands (네덜란드)

 England (영국)

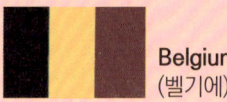 Belgium (벨기에)

 어휘력 쑥쑥

'국기'를 넣어 간단한 문장을 만들어 보세요.

5월 May

8일 — 어버이날

일반 상식 난이도 ★★★

( )은 본래 미국의 '어머니날'에서 시작된 것으로, 우리나라에서는 1956년부터 기념해 온 '어머니날' 행사가 그 유래랍니다.

어버이날은 부모님의 은혜*에 감사하는 마음을 갖게 하기 위해 정한 날이에요. 1956년 '어머니날' 행사에서 시작되어 1973년에 이르러 정식 법정* 기념일인 '어버이날'로 정해졌지요. 우리는 낳아 주시고 길러 주신 부모님께 어버이날뿐 아니라 매일매일 감사하는 마음을 가져야 해요.

 어휘 풀이
*은혜 고맙게 베풀어 주는 도움이나 혜택.
*법정 법으로 정함.

 어휘력 쑥쑥
'은혜'를 넣어 간단한 문장을 만들어 보세요.

5월 May

9일

일반 상식 난이도 ★★★

사용하지 않는 전자 제품의 플러그*를 뽑아 두어야 하는 이유는 무엇일까요?

전원을 껐더라도 플러그를 꽂아 두면 전자 제품에 약한 전기가 흐르는데, 이를 대기 전력이라고 해요. 컴퓨터나 텔레비전 등의 전자 제품은 실제로 사용하지 않는 상태에서도 많은 전기를 소비하지요. 따라서 사용하지 않는 전자 제품의 플러그를 뽑아 두어야 전기를 절약*할 수 있답니다.

어휘 풀이

*플러그 전기 기기에 연결된 코드 끝에 달린 것으로, 전기가 들어오는 콘센트에 꽂아 사용하는 전기 기구.

*절약 함부로 쓰지 않고 꼭 필요한 데에만 써서 아낌.

5월 May
10일
한자
난이도 ★★★

사자성어 百戰百勝(백전백승)의 뜻을 알아보세요.

百	戰	百	勝
일백 **백**	싸움 **전**	일백 **백**	이길 **승**

(말풍선) 야, 반장이 다음에 게임 한 판 하자던데.

(말풍선) 공부로는 안 되겠지만, 게임이라면 내가 백전백승이지!

百戰百勝(백전백승)은 백 번 싸워 백 번을 다 이긴다는 뜻이에요. 반댓말로 百戰百敗(백전백패)라는 사자성어도 있어요. 백 번 싸워 백 번 모두 진다는 말이지요.

 비슷한 사자성어

百戰不敗(백전불패) 백 번 싸워서 한 번도 지지 않는다는 뜻.
百發百中(백발백중) 백 번 쏘아 백 번 맞힌다는 뜻.

 어휘력 쑥쑥

'백전백승'을 넣어 간단한 문장을 만들어 보세요.

5월 May

11일

국어
난이도 ★★★

다른 사람의 마음이 어떤지 생각하며 자신의 마음을 전하기에 알맞은 표현이 아닌 것에 모두 ○표 하세요.

상대에게 하고 싶은 말을 할 때는 자신의 감정을 솔직하게 말하고, 상대방의 기분을 생각하며 진심을 담아 부드럽게 말해야 해요. '뭐 그런 걸 가지고 속상해하고 그래?' 또는 '내가 말할 때 끼어들지 마!'는 상대의 마음은 전혀 생각하지 않고 자신의 감정만 솔직히 말한 것이므로 올바른 표현이 아니에요.

어휘력 쑥쑥

'감정'을 넣어 간단한 문장을 만들어 보세요.

5월 May

과학
난이도 ★★★

식물의 뿌리가 하는 일은 크게 세 가지예요. 식물을 지탱*하고, 물과 양분*을 흡수하며, 식물이 만든 영양분을 (　　　)하는 일이지요.

식물의 뿌리는 식물이 만든 영양분을 저장*하는 역할도 해요. 우리가 자주 먹는 채소인 당근, 무, 고구마 등은 모두 영양분을 저장하고 있는 뿌리랍니다.

 어휘 풀이
*지탱 오래 버텨 냄.
*양분 영양이 되는 성분.
*저장 모아서 보관함.

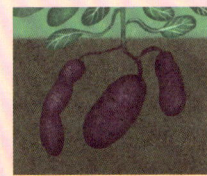

영어

난이도 ★★

악기의 이름과 그림이 알맞은 것끼리 연결해 보세요.

violin •　　　　　• ㉠

flute •　　　　　• ㉡

drum •　　　　　• ㉢

guitar •　　　　　• ㉣

violin은 ㉡ 바이올린, flute는 ㉠ 플루트, drum은 ㉣ 북, guitar는 ㉢ 기타예요. 바이올린과 기타는 현(줄)을 켜거나 튕겨서 소리를 내는 현악기이고, 북은 두드려서 소리를 내는 타악기, 플루트는 입으로 불어서 소리를 내는 관악기랍니다.

🎁 더 알아보기

현악기에는 **cello**(첼로)와 **harp**(하프)가, 타악기에는 **castanets**(캐스터네츠), **glockenspiel**(글로켄슈필)이 포함되며, 관악기에는 **trumpet**(트럼펫), **recorder**(리코더)가 있지요.

5월 May

역사
난이도 ★★★★★

다음은 우리나라의 역사를 시대로 구분한 표예요.
괄호 안에 알맞은 말을 넣어 보세요.

고구려, 백제, 신라의 세 국가가 맞서 있던 삼국 시대에서 발해*와 통일 신라가 병존하던* 남북국 시대를 거쳐, 후고구려, 후백제, 신라가 경쟁하던 후삼국 시대를 지나, 후삼국을 통일한 고려 시대가 되었답니다.

어휘 풀이
* **발해** 698년부터 926년까지 한반도 북부와 만주 지역에 있던 나라.
* **병존하다** 두 가지 이상이 함께 존재하다.

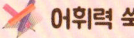 어휘력 쑥쑥
'병존하다'를 넣어 간단한 문장을 만들어 보세요.

5월 May

15일 스승의 날

수학

난이도 ★★

정삼각형에 대해 잘못 말한 친구를 찾고, 그 이유를 말해 보세요.

지안: 선분의 양 끝에 크기가 각각 60°인 각을 그려 삼각형을 완성했더니 정삼각형이 되었어.

서준: 직각삼각형 모양의 정삼각형도 그릴 수 있어.

정삼각형은 세 각의 크기가 각각 모두 60°인 삼각형이에요. 따라서 한 각의 크기가 90°인 직각삼각형은 정삼각형이 될 수 없지요. 즉, 정삼각형에 대해 잘못 말한 친구는 서준이에요.

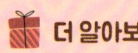 더 알아보기

정삼각형은 세 각은 물론 세 변의 길이가 모두 같다는 또 다른 특징이 있어요.

5월 May — 16일 — 사회
난이도 ★★★

집의 특징과 사람들의 생활 모습을 보고, 각각 어떤 형태의 집인지 알아보세요.

- 지붕을 볏짚 등으로 얹은 집이에요.
- 집 마당에서 농사와 관련된 여러 가지 일을 했어요.

- 많은 사람이 여러 층에 걸쳐 살아요.
- 복도, 계단 등을 여러 사람이 함께 사용해요.

초가집은 주로 옛날에 농사를 짓던 사람들이 볏짚*으로 지붕을 이었던* 집의 형태예요. 반면, 아파트는 집 안에 화장실이 있으며 단지 내의 공원이나 놀이터, 주차장 등을 여러 사람이 함께 사용하지요.

어휘 풀이

*볏짚 벼의 낟알을 떨어낸 줄기 부분.
*이다 기와나 짚 등으로 지붕 위를 덮다.

5월 May

일반 상식
난이도 ★★★

약을 먹을 때는 어떤 것과 같이 먹어야 좋을까요?

몸이 아플 때나 건강을 보호하기 위해 먹는 약에는 각각 특수*한 성질이 있어서 물이 아닌 다른 음료수와 함께 복용*하면 약의 효과가 떨어질 수도 있어요. 특히 콜라 속에는 칼슘의 흡수를 방해하는 성분이 들어 있으므로, 약은 꼭 물과 함께 복용해야 해요.

 어휘 풀이
  ***특수** 특별히 다름.
  ***복용** 약을 먹음.

 어휘력 쑥쑥
  '복용'을 넣어 간단한 문장을 만들어 보세요.

 **5월 May**

 **18일** 5·18 민주화 운동 기념일

 **일반 상식**
난이도 ★★★★

5월 18일은 5·18 민주화 운동 기념일이에요. 1980년 5월 18일부터 27일까지 (　　　)를 중심으로 일어난 민주화 운동의 정신을 이어 나가기 위해 기념일로 제정*되었어요.

5·18 광주 민주화 운동은 1980년 5월 18일에 광주의 학생들과 시민들을 중심으로 시작된 민주화 운동이에요. 당시 탱크와 총으로 무장한 군인들에 의해 수많은 시민들이 희생*되었어요. 이 운동은 우리나라 민주화 운동의 상징으로 여겨지고 있지요.

 어휘 풀이
* **제정** 제도나 법률 따위를 만들어서 정함.
* **희생** 다른 사람에 의해 자신의 목숨이나 재산 등을 빼앗김.

 어휘력 쑥쑥
'희생'을 넣어 간단한 문장을 만들어 보세요.

5월 May

19일 발명의 날

일반 상식 난이도 ★★

미국의 (   )는 비행기를 만들어 1903년 세계 최초로 하늘을 나는 데 성공한 사람들이랍니다.

어려서부터 하늘을 날고 싶다는 꿈을 키워 온 라이트 형제는 플라이어 1호라는 이름의 동력 비행기를 만들어 1903년에 세계 최초로 비행기를 타고 하늘을 나는 데 성공했어요. 라이트 형제 덕분에 인류는 날개가 없어도 하늘을 날 수 있게 되었답니다.

🎁 더 알아보기

라이트 형제보다 120년 정도 먼저 하늘을 난 사람들이 있어요. 바로 프랑스의 몽골피에 형제예요. 이들은 뜨거운 공기가 위쪽으로 올라간다는 사실을 이용해 열기구를 발명했고, 1783년 사람들을 태운 열기구를 처음으로 하늘에 띄우는 데 성공했답니다.

5월 20일

May

국어
난이도 ★★★

내가 읽은 책의 내용과 그에 대한 느낌을 친구에게 소개하면 어떤 점이 좋을까요?

책을 읽은 뒤, 그 책에 대한 간단한 내용과 느낌을 글로 적은 것을 '독서 감상문' 또는 '독후감'이라고 해요. 독서 감상문을 써서 친구에게 소개하면 친구가 몰랐던 새로운 사실을 알려 줄 수 있고, 그 책의 내용과 느낌에 대해 친구들과 많은 이야기를 나눌 수도 있답니다.

더 알아보기

책을 소개할 때는 책 제목과 책을 읽은 동기, 줄거리와 느낀 점을 말해요. 줄거리는 너무 길지 않게 요약하고, 느낀 점과 책을 소개하는 이유를 함께 알려 주면 좋아요.

5월 May  **영어**
난이도 ★★★★

그림에 어울리는 문장을 찾아보세요.

① He is playing soccer.
② He is playing baseball.
③ He is playing tennis.
④ He is playing basketball.

①번 문장은 '그는 축구를 하고 있어요'이고, ②번 문장은 '그는 야구를 하고 있어요', ③번 문장은 '그는 테니스를 치고 있어요', ④번 문장은 '그는 농구를 하고 있어요'이므로, 그림에 어울리는 답은 ②번이랍니다.

 오늘의 영어 단어
sport(스포츠, 운동), volleyball(배구), relay(이어달리기), swimming(수영), boxing(권투), shooting(사격), skiing(스키), taekwondo(태권도)

 어휘력 쑥쑥
자신이 좋아하는 스포츠 종목을 영어로 써 보세요.

5월 May

22일

역사
난이도 ★★★

올림픽은 4년에 한 번씩 열리는 국제 스포츠 경기로, 그 유래는 고대 (　　　)에서 열린 올림피아 제전*이에요.

올림피아 제전은 고대 그리스에서 제우스신을 위하여 지내던 제사*예요. 제사를 지낸 뒤에는 운동 경기 대회를 열었는데, 이 대회는 기원전 776년에 시작하여 기원후 393년까지 4년에 한 번씩 열렸지요. 이후 약 1,500년간 중단되었다가 1896년 프랑스의 쿠베르탱의 제안*으로 그리스 아테네에서 첫 번째 근대 올림픽이 열리게 되었답니다.

어휘 풀이
* **제전** 문화, 예술, 체육 따위와 관련하여 성대히 열리는 사회적인 행사.
* **제사** 신령이나 죽은 사람의 넋에게 음식을 바치어 정성을 나타냄.
* **제안** 의견으로 내놓음.

5월 May 23일 수학

다음 그림을 분수로 나타내 보세요.

분수는 전체에 대한 부분을 나타내는 수를 말해요. 케이크 한 개를 똑같이 8조각으로 나눈 뒤 2조각을 먹었다면, 분수로 $\frac{2}{8}$를 먹었다고 쓰고, '8분의 2'라고 읽어요.

🎁 더 알아보기

분수에서 가로선 아래의 숫자를 '분모'라고 해요. 분모는 전체를 똑같이 몇 개로 나누었는지를 나타내요. 또 가로선 위의 숫자는 '분자'라고 하는데, 전체에 대한 부분을 나타내는 수이지요.

가로선 → $\frac{2}{8}$ ← 분자
　　　　　　← 분모

5월 24일 May

과학
난이도 ★★★

생태계*에서 여러 생물들이 서로 잡아먹고 잡아먹히는 관계를 일컬어 (　　　　)이라고 해요.

식물은 초식* 동물에게 먹히고, 초식 동물은 육식* 동물에게 먹히며, 육식 동물은 그보다 더 힘이 센 또 다른 육식 동물에게 먹히는 관계를 먹이 사슬이라고 해요. 먹이 사슬은 생태계를 잘 유지하는 역할을 한답니다.

🎁 어휘 풀이

- ***생태계** 생물들이 살아가는 세계.
- ***초식** 식물을 먹고 삶.
- ***육식** 동물의 고기를 먹고 삶.

 어휘력 쑥쑥

'육식' 또는 '초식'을 넣어 간단한 문장을 만들어 보세요.

5월 May

25일

한자
난이도 ★★★

사자성어 先見之明(선견지명)의 뜻을 알아보세요.

先	見	之	明
먼저 선	볼 견	갈 지	밝을 명

先見之明(선견지명)은 먼저 내다보는 밝음이라는 뜻으로, 다가올 일을 미리 짐작하는 밝은 지혜를 의미해요.

🎁 비슷한 사자성어
明見萬里(명견만리) 만 리 앞을 내다본다는 뜻으로, 관찰력이나 판단력이 매우 뛰어나다는 말.

어휘력 쑥쑥
'선견지명'을 넣어 간단한 문장을 만들어 보세요.

5월 May
26일
국어
난이도 ★★

낱말의 정확한 쓰임을 생각하며 올바른 낱말에 ○표 하세요.

틀리지 않게 신중하게 풀어 보자!

틀리다

내 생각은 엄마의 생각과 (다르다, 틀리다).
설탕이 쓰다는 말은 (다른, 틀린) 말이다.
친구와 나는 성격이 (다르다, 틀리다).
사람들은 모두 (다르게, 틀리게) 생겼다.

다른 문제와 다를 게 없어. 집중!

다르다

'다르다'는 말은 비교가 되는 두 대상이 서로 같지 않다는 말이고, '틀리다'는 계산이나 사실 등이 맞지 않다는 뜻이에요. 따라서 '내 생각은 엄마의 생각과 다르다', '설탕이 쓰다는 말은 틀린 말이다', '친구와 나는 성격이 다르다', '사람들은 모두 다르게 생겼다'가 맞는 표현이랍니다.

 더 알아보기

'다르다'와 '틀리다'처럼 잘못 쓰기 쉬운 낱말이 또 있어요. 그것은 바로 '작다'와 '적다'예요. '작다'는 길이나 넓이가 기준보다 덜하다는 뜻이고, '적다'는 수나 양이 기준보다 덜하다는 말이에요. 그래서 '키가 작다', '덩치가 작다', '밥의 양이 적다', '나이가 한 살 더 적다'로 표현할 수 있답니다.

 어휘력 쑥쑥

'다르다'와 '틀리다'를 넣어 간단한 문장을 만들어 보세요.

5월 May 27일 음악

난이도 ★★★

리코더를 불 때 주의해야 할 점으로 바르지 않은 것을 찾아보세요.

① 손가락 끝의 볼록한 부분으로 구멍을 막아요.
② 리코더를 물 때 너무 깊이 물지 않도록 해요.
③ 몸 전체에 힘을 주고 양팔을 몸에 붙여요.
④ 혀를 사용하여 음을 내거나 멈추는 텅잉 주법*을 사용해요.

③ 리코더를 불 때는 몸에 힘을 빼고, 양팔을 자연스럽게 벌리는 자세를 취해야 해요. 몸에 힘을 주면 몸 전체가 긴장*하게 되어 소리를 제대로 낼 수 없거든요.

 어휘 풀이
*텅잉 주법 리코더를 불 때 혀끝으로 소리를 끊는 연주법.
*긴장 편안하지 않은 상태로 바짝 경계함.

 어휘력 쑥쑥
'긴장'을 넣어 간단한 문장을 만들어 보세요.

일반 상식
난이도 ★★★★

키가 가장 큰 동물은 어떤 동물일까요?

화석은 옛날에 살았던 동물이나 식물의 흔적이 돌이나 지층에 그대로 남아 있는 것을 말해요. 따라서 공룡은 그 화석을 조사하면 대략의 크기를 짐작할 수 있지요. 지금까지 알려진 키가 가장 큰 공룡은 아르헨티나에서 발견된 화석의 주인인 아르젠티노사우루스로, 몸길이가 35~45미터 정도에 몸무게는 무려 70톤에 이르렀다고 해요.

5월 May

29일

수학
난이도 ★★★

예각 삼각형, 직각 삼각형, 둔각 삼각형을 찾아서 분류해 보세요.

예각 삼각형	직각 삼각형	둔각 삼각형

예각 삼각형은 세 각이 모두 90°보다 작은 예각으로 이루어진 삼각형. 직각 삼각형은 한 각이 90°, 즉 직각인 삼각형. 둔각 삼각형은 한 각이 90°보다 큰 삼각형을 말해요. ④, ⑤는 예각 삼각형, ③, ⑥은 직각 삼각형, ①, ②는 둔각 삼각형이에요.

🎁 더 알아보기

삼각형의 세 각을 모두 합하면 180°예요. 따라서 삼각형의 두 각의 크기만 알아도 다른 한 각의 크기를 구할 수 있어요. 예를 들어 삼각형의 두 각이 70°와 50°라면, 180°-70°-50°로 계산하여 다른 한 각이 60°라는 것을 알 수 있답니다.

5월 May

30일

과학
난이도 ★★★

구름이 움직이는 것은 (　　　)이 불기 때문이랍니다.

구름은 언뜻 보면 가만히 멈춰 있는 것 같지만, 자세히 보면 조금씩 움직이고 있어요. 경우에 따라서는 빠르게 움직이기도 하지요. 이렇게 구름이 움직이는 이유는 바로 바람 때문이에요. 바람은 공기의 움직임으로, 바람이 부는 방향으로 구름이 흘러가는 것이지요.

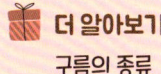
더 알아보기
구름의 종류

권운(새털구름)

권층운(털층구름)

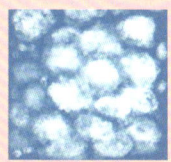
고적운(양떼구름)

5월 May  국어
난이도 ★★★

괄호 안에 까닭이나 마음을 나타내는 말을 알맞게 넣어 보세요.

① 달리기 경주*에서 일등을 해서 (　　　　).
② (　　　　) 속상해요.
③ 친구들과 함께 놀아서 (　　　　).

①은 달리기 경주에서 일등을 해서 마음이 기쁘거나 뿌듯할* 거예요. ②는 속상하다는 마음이 표현되었으므로 안 좋은 일, 예를 들면 '몸이 아파서'와 같은 까닭을 넣으면 좋아요. 또 ③은 친구들과 함께 놀아서 즐겁고 신나는 마음이 들 거예요.

어휘 풀이
* **경주** 일정한 거리를 달려 빠르기를 겨루는 일.
* **뿌듯하다** 기쁨이나 감격이 마음에 가득 차다.

어휘력 쑥쑥
'뿌듯하다'를 넣어 간단한 문장을 만들어 보세요.

난이도 ★★

그림을 보고 괄호 안에 알맞은 답을 써 보세요.

① How many apples do you have?
 → I have (   ) apples.

② How many kiwis do you have?
 → I have (   ) kiwis.

①은 '너는 몇 개의 사과를 가지고 있니?'라는 질문에 대한 답을 알아보는 문제예요. 그림에는 10개의 사과가 있으므로, 'I have ten apples(나는 10개의 사과를 가지고 있어)'라고 대답할 수 있어요. ②의 그림에는 키위가 5개 있으므로 'I have five kiwis(나는 5개의 키위를 가지고 있어)'라고 대답할 수 있어요.

오늘의 영어 단어

ten(10, 열), twenty(20, 스물), thirty(30, 서른), forty(40, 마흔), fifty(50, 쉰), sixty(60, 예순), seventy(70, 일흔), eighty(80, 여든), ninety(90, 아흔), hundred(100, 백)

어휘력 쑥쑥

위에서 익힌 숫자를 넣어 간단한 문장을 만들어 보세요.

사회

난이도 ★★

자기가 살고 있는 고장에 대해 설명하고 있어요. 이곳은 어디일까요?

"우리 고장의 대표적인 산에는 화산 폭발로 생긴 백록담이 있어요. 또 노란 감귤들이 자라고, 해녀들이 바다에서 전복을 따는 모습도 볼 수 있지요. 우리 고장은 어디일까요?"

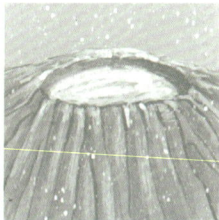

고장의 특징은 그곳의 환경과 사람들의 생활 모습을 통해 파악*할 수 있어요. 위에서 설명하는 고장은 백록담, 감귤이라는 환경과 해녀*들이 전복을 따는 생활 모습을 통해 제주도(제주특별자치도)라는 것을 알 수 있지요.

🎁 어휘 풀이

*파악 어떤 대상의 내용이나 본디의 성질을 확실하게 이해함.
*해녀 바닷속에 들어가 해삼, 전복 등을 따는 것을 직업으로 하는 여성.

✏️ 어휘력 쑥쑥

자기가 살고 있는 고장의 특징을 써 보세요.

역사
난이도 ★★★

고구려가 망한 뒤 수많은 고구려 사람들이 당나라로 끌려갔어요. 대조영은 당나라에서 이들을 구출해 옛 고구려 땅에 새로운 나라인 ( )를 세웠어요.

대조영은 아버지인 걸걸중상의 뜻을 받들어 당나라에 끌려간 고구려 유민*들을 이끌고 도망쳤어요. 그 뒤 옛 고구려 땅에 새로운 나라를 세워 이름을 '발해'로 정했지요. 발해는 이후 힘을 키워 중국에서도 '해동성국*'이라 부를 만큼 발전해 나갔답니다.

 어휘 풀이

*유민 망하여 없어진 나라의 백성.

*해동성국 해동성국은 '바다 동쪽의 번성한 나라'라는 뜻이에요. 발해는 10대 왕인 선왕 때 가장 넓은 땅을 차지하며 전성기를 맞이했는데, 바로 이 시기에 중국에서 발해를 가리켜 한 말이지요.

6월 June — 4일 — 국어
난이도 ★★★

글의 **주요*** 내용을 찾을 때 알맞은 방법이 아닌 것을 모두 찾고, 그 이유를 말해 보세요.

① 글을 쓴 사람이 무슨 일을 하는지 생각해 본다.
② 글을 쓴 사람이 하고자 하는 말이 무엇인지 찾는다.
③ 글의 맨 처음 부분만 자세히 살펴본다.
④ 제목을 보고 내용에 대해 짐작한다.

글의 주요 내용을 찾을 때, ① 글을 쓴 사람이 무슨 일을 하는지는 전혀 관련이 없어요. 또한 ③ 글의 맨 처음 부분만 자세히 살펴보는 것도 올바른 방법이 아니에요. 주요 내용은 글의 처음뿐만 아니라 글의 중간 혹은 맨 끝부분에도 나올 수 있거든요. 글을 쓴 사람이 하고자 하는 말이 무엇인지 생각해 보고, 제목을 통해 내용을 짐작하며, 글쓴이가 글을 쓴 까닭을 찾는 것은 주요 내용을 파악하는 데 도움이 되지요.

 어휘 풀이
*주요 주되고 중요함.

환경의 날

일반 상식

난이도 ★★★

환경의 날이에요. 환경 보호를 위해 우리가 할 수 있는 활동과 맞지 않는 것을 골라 보세요.

① 일회용 컵 대신 재사용이 가능한 컵을 사용해요.
② 샴푸는 적정량*만 사용해요.
③ 쓰레기를 길에 함부로 버리지 않아요.
④ 반찬을 골고루 먹어요.
⑤ 마트에서는 장바구니를 사용해요.

4. 반찬을 골고루 먹는 것은 우리 몸의 건강을 위해 영양소를 골고루 섭취*하는 것이므로, 환경 보호를 위해 할 수 있는 활동과는 거리가 멉답니다.

 어휘 풀이

***적정량** 알맞은 정도의 양.
***섭취** 영양분 등을 몸 안으로 받아들이는 일.

 현충일

일반 상식
난이도 ★★★

다음 중 국기를 다는 날에 ○표 하세요.

한글날(　) 　현충일(　) 　성탄절(　)

설날(　) 　삼일절(　) 　어버이날(　)

우리나라에서 국기(태극기)를 다는 날은 5대 국경일(삼일절, 제헌절, 광복절, 개천절, 한글날)과 국군의 날, 현충일 등이에요. 6월 6일 현충일은 나라를 위하여 목숨을 바친 이들의 충성*을 기념하고 추모*하는 날이랍니다.

 어휘 풀이
*충성 국가나 윗사람 등을 위해 온 힘을 다함.
*추모 돌아가신 분을 그리워하고 생각함.

 어휘력 쑥쑥
'추모'를 넣어 간단한 문장을 만들어 보세요.

과학
난이도 ★★★

지구는 몇 년 전에 태어났을까요? 또 그걸 어떻게 알 수 있는지 알아보세요.

지구가 처음 태어난 시기는 대략 45억 년 전으로, 태양 근처에 모여 있던 가스와 먼지가 조금씩 뭉쳐지면서 작은 덩어리가 되었어요. 바로 이것이 원시* 지구가 탄생한 순간이지요. 이것은 지구에서 가장 오래된 암석을 통해 지구의 나이를 추측한 것이랍니다.

 어휘 풀이

*원시 문명 이전의 자연 그대로인 상태.

 더 알아보기

지구는 45억 년이라는 기나긴 시간 동안 그 모습이 끊임없이 바뀌어 왔어요. 아주 옛날에는 대륙도 하나이고 바다도 하나였지만, 지금은 다섯 개의 바다(태평양, 대서양, 인도양, 북극해, 남극해)와 여섯 개의 대륙(아시아, 유럽, 아프리카, 아메리카, 오세아니아, 남극)이 있답니다.

다음 중 잘못된 문장을 모두 찾아 바르게 말해 보세요.

① 7,000kg은 7t이에요.
② 3,059g은 3kg 590g이에요.
③ 6,400g은 6kg 400g이에요.
④ 9t은 900kg이에요.

g(그램), kg(킬로그램), t(톤)은 모두 무게를 나타내는 단위예요. 1t은 1,000kg이고, 1kg은 1,000g이지요. 따라서 잘못된 문장은 ②와 ④예요. 이것은 ② 3,059g은 3kg 59g, ④ 9t은 9,000kg으로 바르게 고쳐 쓸 수 있답니다.

 더 알아보기

무게는 지구가 물체를 끌어 당기는 힘인 중력 때문에 생겨나요. 그래서 중력이 지구의 6분의 1인 달에 가면 무게도 6분의 1로 줄어들지요. 반대로 지구보다 중력이 6배 큰 목성에 가면 무게도 6배 늘어난답니다.

 어휘력 쑥쑥

'kg'과 'g'을 넣어 자신의 몸무게를 써 보세요.

한자
난이도 ★★★

사자성어 小貪大失(소탐대실)의 뜻을 알아보세요.

小貪大失(소탐대실)은 작은 것을 탐하다가 큰 것을 잃는다는 뜻이에요. 작은 욕심을 버리지 못해 큰일을 그르치는 잘못은 피해야 한답니다.

비슷한 속담
토끼 둘을 잡으려다가 하나도 못 잡는다 / 빈대 잡으려고 초가삼간 태운다

어휘력 쑥쑥
'소탐대실'을 넣어 간단한 문장을 만들어 보세요.

미술

난이도 ★★

미술관에서는 관람* 예절을 지켜야 해요.
다음 그림에서 잘못된 부분을 찾고, 무엇이 잘못되었는지 말해 보세요.

미술관 안에서 작품을 관람할 때도 예절이 필요해요. 전시실에서는 조용히 관람해야 하고, 안으로 음식물을 가지고 들어가지 않으며, 허용*된 작품 외에는 함부로 만져서는 안 돼요. 그리고 작품을 관람하는 사람 앞으로 지나다니지 않고, 사진 촬영이 허용되지 않은 작품은 절대로 촬영하면 안 된답니다.

어휘 풀이

* **관람** 연극이나 영화, 미술품 등을 구경함.
* **허용** 허락하여 받아들임.

어휘력 쑥쑥

'관람'을 넣어 간단한 문장을 만들어 보세요.

음악

난이도 ★★

다음 음표가 나타내는 박자의 길이가 짧은 순서대로 말해 보세요.

①   ②   ③   ④   ⑤

①은 16분음표로 반의 반 박자, ②는 4분음표로 한 박자, ③은 온음표로 네 박자, ④는 2분음표로 두 박자, ⑤는 8분음표로 반 박자를 나타내요. 따라서 음표의 박자가 짧은 순서대로 나열하면, ①→⑤→②→④→③으로 나타낼 수 있어요.

🎁 더 알아보기

- ▬ 온쉼표(네 박자 쉼), ▬ 2분쉼표(두 박자 쉼), 𝄽 4분쉼표(한 박자 쉼),
  𝄾 8분쉼표(반 박자 쉼), 𝄿 16분쉼표(반의 반 박자 쉼)

🪶 어휘력 쑥쑥

'박자'를 넣어 간단한 문장을 만들어 보세요.

6월 June

12일

국어
난이도 ★★

윤서가 지켜야 할 전화 예절은 무엇일지 생각해 보세요.

전화로 대화를 할 때에도 지켜야 할 예절이 있어요. 전화를 걸었을 때 먼저 자기가 누구인지 밝힌 다음, 하고자 하는 말을 **구체적***으로 전해야 해요. 윤서는 지윤이에게 전화를 걸고 자기가 누구인지 밝히지 않았을 뿐만 아니라, 하고자 하는 말의 내용 또한 구체적이지 않아서 지윤이에게 제대로 전달되지 않았어요.

 어휘 풀이
***구체적** 사물이나 현상이 일정한 모습을 갖추고 있는 것.

 어휘력 쑥쑥
'예절'을 넣어 간단한 문장을 만들어 보세요.

과학
난이도 ★★★

사람에게는 (　　), (　　), (　　), (　　), (　　)의 다섯 가지 감각이 있어요.

사람에게는 보고, 듣고, 냄새를 맡고, 만질 수 있고, 맛을 볼 수 있는 다섯 가지 감각이 있어요. 이를 각각 시각, 청각, 후각, 촉각, 미각이라고 해요. 우리 몸에는 수많은 감각 세포들이 있는데, 이 세포들이 여러 가지 감각을 뇌에 전달하지요. 아름다운 것을 보거나 소리를 듣고, 맛있는 음식을 맛보거나 그 냄새를 맡고, 보드라운 감촉을 느낄 수 있는 것도 모두 이 다섯 가지의 감각 덕분이랍니다.

🎁 더 알아보기
사람의 혀는 기본적으로 단맛, 짠맛, 쓴맛, 신맛의 네 가지 맛을 느껴요. 매운맛은 맛이라고 쓰기는 하지만 사실은 맛이 아닌 통증이랍니다.

✈️ 어휘력 쑥쑥
다섯 가지 감각 중 하나를 선택해 간단한 문장을 만들어 보세요.

- -

그림과 어울리지 않는 표현을 모두 골라 보세요.

① The cat looks happy.

② The cat looks sad.

③ The cat looks fun.

④ The cat looks mad.

주어진 문장을 우리말로 옮기면 ① '고양이가 행복해 보여요', ② '고양이가 슬퍼 보여요', ③ '고양이가 즐거워 보여요', ④ '고양이가 몹시 화가 나 보여요'예요. 그림과 어울리지 않는 표현은 ②번과 ④번이랍니다.

 더 알아보기

'mad'와 'angry'의 차이

mad와 angry는 모두 '화가 난'이라는 뜻을 가지고 있지만, mad는 보통 angry보다 훨씬 더 화가 난 상태를 표현할 때 쓰여요.

 어휘력 쑥쑥

위에서 배운 단어 중 하나를 넣어, 엄마의 기분을 나타내는 영어 문장을 써 보세요.

다음 그림에서 삼각형은 모두 몇 개가 있는지 찾아보세요.

그림은 삼각형, 사각형, 원, 별 모양의 도형이 서로 겹쳐진 모습이에요. 이 도형들이 겹쳐지면서 새로운 도형들이 만들어지는데, 자세히 살펴보면 삼각형은 모두 4개인 걸 알 수 있답니다.

정답:

더 알아보기

사다리꼴을 채우려면 아래의 삼각형과 사각형이 각각 몇 개씩 필요할까요?

정답: 삼각형 2개, 사각형 3개

난이도 ★★★

선인장을 잔뜩 덮고 있는 뾰족한 가시는 (　　)이 퇴화*한 것이에요.

선인장의 가시는 바로 잎이 퇴화한 것이에요. 무더운 사막에서 자라려면 수분*을 저장해 두어야 하는데, 이를 위해 줄기는 두꺼워지고 잎은 작게 변하면서 가시가 된 것이랍니다.

어휘 풀이

*퇴화 생물체의 기관이나 조직이 단순해지고 크기가 작아지는 것.
*수분 물의 축축한 기운.

더 알아보기

가시는 사막의 동물들로부터 선인장을 보호하는 역할도 해요.
뾰족한 가시 때문에 동물들이 선인장에 쉽게 다가갈 수 없지요.

국어

난이도 ★★★

'몹시'는 [몹씨]로 발음*해요. 이와 같이 발음하는 낱말을 찾아서 길을 따라가 보세요.

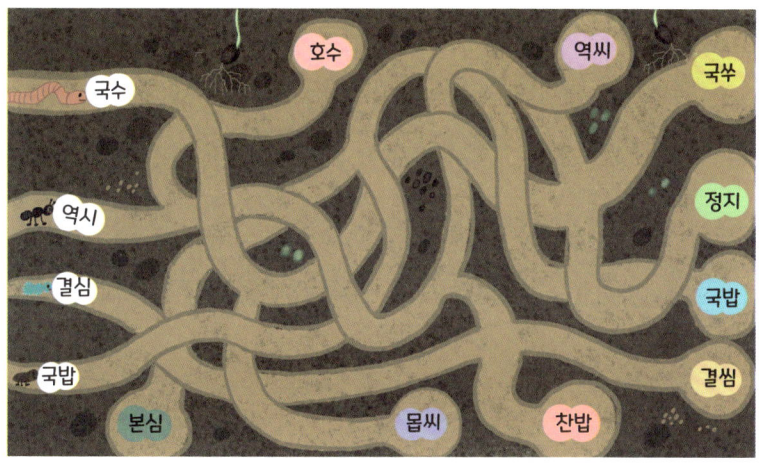

'몹시'는 뒤의 글자 '시'가 '씨'로 발음되는 낱말이에요. 즉, 뒷글자가 ㄲ, ㄸ, ㅃ, ㅆ, ㅉ와 같은 된소리로 발음되는 거예요. 이와 같은 낱말을 그림에서 찾아 따라가 보면 국수-[국쑤], 역시-[역씨], 결심-[결씸], 국밥-[국빱]으로 연결할 수 있답니다.

 어휘 풀이
  *발음 말의 소리를 냄.

 더 알아보기
  받침 'ㄷ, ㅌ'이 모음 'ㅣ'를 만나면 'ㅈ, ㅊ'으로 소리 나는 것을 '구개음화'라고 해요. 그 예로는 '맏이-[마지]', '같이-[가치]' 등이 있답니다.

역사
난이도 ★★★

견훤이 세운 (　　　)는 견훤의 아들들이 왕의 자리를 놓고 다툼을 벌이느라 힘이 약해져서 결국 고려에 의해 무너졌어요.

견훤은 신라의 부패*한 귀족들 때문에 힘들어하던 백성들을 이끌고 900년에 후백제를 세웠어요. 이후 후백제는 활발히 땅을 넓히고 나라의 힘을 키워 나갔지만, 왕위를 동생에게 물려준다는 소식을 들은 견훤의 큰아들 신검이 반란*을 일으키면서 힘이 약해졌어요. 후백제는 이 틈을 타 쳐들어온 고려에 의해 결국 멸망*하고 말았답니다.

🎁 어휘 풀이

*왕위 임금의 자리.

*부패 도덕적으로나 정신적으로 타락함.

*반란 국가나 지도자 등에 반대하여 싸움을 일으킴.

*멸망 망하여 없어짐.

동현이는 하루에 책을 8쪽씩 읽고, 세아는 하루에 32쪽씩 읽어요.
동현이와 세아가 6월 한 달 동안 책을 몇 쪽씩 읽는지
계산하는 세로 셈을 완성해 보세요.

```
    3 0              3 0
  ×   □            × □ 2
  ─────            ─────
      0              6 0
  + 2 □ 0          + 9 □ □
  ─────            ───────
    2 4 0          □ □ 0
```

6월은 30일까지 있어요. 따라서 30에 하루 동안 읽는 쪽수를 곱하면 동현이와 세아가 6월 한 달 동안 읽은 책의 쪽수를 알 수 있어요. 즉, 동현이가 읽은 쪽수는 240쪽이고, 세아가 읽은 쪽수는 960쪽이랍니다.

더 알아보기

(두 자리 수)×(한 자리 수)의 세로 셈 방법과 (두 자리 수)×(두 자리 수)의 세로 셈 방법을 알아보아요.

```
    3 0                    3 0
  ×   8                  × 3 2
  ─────                  ─────
      0  ← (0×8)           6 0  ← (30×2)
  + 2 4 0  ← (3×8)      + 9 0 0  ← (30×3)
  ─────                  ───────
    2 4 0                9 6 0
```

6월 June

20일

사회
난이도 ★★★

예부터 전해 오는 관습으로, 해마다 일정한 시기에 되풀이하여 행해 온 고유의 풍속을 ( )이라고 해요.

우리나라 사람들은 설날이 되면 떡국을 먹고 세배를 하며, 추석에는 송편을 빚거나 보름달을 보고 소원을 빌기도 해요. 또 동짓날에는 팥죽을 먹고, 정월 대보름에는 부럼*을 깨물고 오곡밥을 먹어요. 이처럼 명절이나 계절에 따라 특별히 행하는 일들을 세시 풍속이라고 해요.

🎁 어휘 풀이
*부럼 땅콩, 호두, 밤 등 딱딱한 열매를 이르는 말.

🎁 더 알아보기
정월 대보름이나 추석 등 명절에 하는 민속놀이에는 연날리기, 윷놀이, 강강술래, 그네 타기, 씨름, 쥐불놀이 등이 있어요.

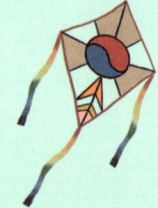

6월 June

한자
난이도 ★★★★

사자성어 苦盡甘來(고진감래)의 뜻을 알아보세요.

苦	盡	甘	來
쓸 고	다할 진	달 감	올 래

苦盡甘來(고진감래)는 쓴 것이 다하면 단 것이 온다는 뜻이에요. 고생 끝에 낙이 온다, 즉 고생한 결과로 즐거움이 온다는 의미랍니다.

 비슷한 속담
쥐구멍에도 볕 들 날 있다 / 개똥밭에 이슬 내릴 때가 있다

 어휘력 쑥쑥
'고진감래'를 넣어 간단한 문장을 만들어 보세요.

6월 June

22일

과학
난이도 ★★★★

아주 먼 옛날에 살던 동식물이나 그 흔적이 돌이나 지층에 남아 있는 것을 (　　　)이라고 해요.

암모나이트 화석이로군. 지금은 볼 수 없는 바다 생물이지.

생물의 뼈나 껍질 등 딱딱한 부위가 종종 화석으로 발견돼요. 공룡의 뼈 화석이 그 대표적인 예이지요. 화석은 먼 옛날에 그 생물이 어떤 모습으로 살았는지, 어떤 환경에서 살았는지를 알게 해 주는 아주 중요한 자료*가 된답니다.

어휘 풀이
*자료 조사의 바탕이 되는 재료.

어휘력 쑥쑥
'자료'를 넣어 간단한 문장을 만들어 보세요.

공룡 발자국 화석

일반 상식
난이도 ★★★

재채기는 어떤 역할을 할까요?

우리가 코로 숨을 들이쉴 때, 공기 중의 아주 미세한 먼지와 세균들이 공기와 함께 콧속으로 들어와요. 이런 먼지를 막아 주는 것이 바로 코털인데, 먼지가 코털과 콧구멍을 자극*하면, 이것이 뇌로 전달되어 우리 몸이 재채기를 하도록 명령해요. 이 재채기를 통해 콧속의 먼지와 세균이 밖으로 내보내진답니다.

 어휘 풀이
*자극 영향을 주어 반응이 일어나게 함.

 더 알아보기
우리 몸은 주변의 자극으로부터 자신을 지키기 위해 우리의 생각을 거치지 않고 자동으로 어떤 일을 하는 경우가 있어요. 이것을 '반사'라고 부르는데, 얼굴 쪽으로 무언가 날아오면 눈을 감는 것, 뜨거운 것을 만졌을 때 손을 떼는 것 등을 예로 들 수 있지요. 재채기를 하는 것도 이런 반사적인 행동 중 하나랍니다.

난이도 ★★★★★

다음 문장을 '누가/무엇이'와 '무엇이다/어떠하다/어찌하다'에 해당하는 부분으로 나누어 보세요.

① 누나는 학생이다.   ➡ (   ) + (   )
② 은석이가 집에 돌아갔다. ➡ (   ) + (   )
③ 나는 행복하다.   ➡ (   ) + (   )
④ 박스가 무겁다.   ➡ (   ) + (   )

문장의 짜임에서 '어찌하다'는 '누가/무엇이'의 움직임을 나타내고, '어떠하다'는 '누가/무엇이'의 상태나 성질을, '무엇이다'는 대상이 무엇인지 나타내지요. ①은 '누나는(누가)+학생이다(무엇이다)'로 나눌 수 있고, ②는 '은석이가(누가)+집에 돌아갔다(어찌하다)', ③은 '나는(누가)+행복하다(어떠하다)', ④는 '박스가(무엇이)+무겁다(어떠하다)'로 나눌 수 있답니다.

 더 알아보기

'누가/무엇이 + 무엇이다/어찌하다/어떠하다'에서 '누가/무엇이'에 해당하는 부분을 '주어'라고 하고, '무엇이다/어찌하다/어떠하다'에 해당하는 부분을 '서술어'라고 해요. 바른 문장이 되려면 항상 주어와 서술어가 있어야 한답니다.

6월 June

25일 6·25 전쟁일

역사 난이도 ★★

6·25 전쟁은 ( )년 ( )월 ( )일, 북한군이 38선을 넘어 남한을 기습* 공격함으로써 일어난 전쟁이에요.

6·25 전쟁은 1950년 6월 25일 새벽, 소련의 도움을 받은 북한이 남한을 기습 공격하면서 시작된 전쟁이에요. 우리 국군은 한 달 만에 낙동강 이남*을 제외한 남한 전체를 빼앗겼지만, 인천 상륙 작전으로 서울을 되찾고 압록강까지 점령*했어요. 6·25 전쟁은 1953년 7월 27일 휴전 협정*이 이루어질 때까지 계속되었지요.

 어휘 풀이

- ***기습** 갑자기 들이쳐 공격함.
- ***이남** 기준이 되는 지점으로부터 남쪽.
- ***점령** 어떤 장소를 차지하여 자리를 잡음.
- ***휴전 협정** 전쟁에 참여하고 있는 국가가 전쟁을 멈출 것을 약속하여 정함.

난이도 ★★

시은이의 알람 시계가 시끄럽게 울리고 있어요. 다음 중 알람이 울리고 있는 시계는 어느 것일까요?

①은 1시, ②는 1시 50분, ③은 6시 40분, ④는 8시 25분, ⑤는 3시, ⑥은 11시 20분, ⑦은 5시 35분, ⑧은 10시 30분이에요. 시은이가 알람을 맞춘 시각은 6시 40분이므로 알람이 울리는 시계는 ③번이랍니다.

 더 알아보기

시각을 읽는 방법에는 '몇 시 몇 분' 외에도 '몇 시 몇 분 전'이라고 읽는 방법도 있어요. 예를 들어 '6시 40분'은 7시가 되기 20분 전이므로, '7시 20분 전'이라고 읽을 수 있답니다. 아래 시계를 보고 빈칸을 채워 보세요.

| 시 | 분 |
| 시 | 분 전 |

| 시 | 분 |
| 시 | 분 전 |

(정답: 왼쪽 9시 55분, 10시 5분 전 / 오른쪽 1시 50분, 2시 10분 전)

6월 June 27일

과학 난이도 ★★★

( )는 태양과 8개의 행성, 50개가 넘는 위성과 소행성 등으로 이루어져 있어요.

태양계는 태양과 8개의 행성, 즉 수성, 금성, 지구, 화성, 목성, 토성, 천왕성, 해왕성과 그 외에 수십 개의 위성과 소행성, 혜성, 유성 등으로 이루어져 있어요. 태양계의 행성들은 태양의 둘레를 주기적으로 도는 공전 운동을 하는 동시에 스스로 고정된 축을 중심으로 회전하는 자전 운동도 한답니다.

더 알아보기

명왕성은 1930년에 발견되어 태양계의 아홉 번째 행성으로 이름을 올렸지만, 2006년에 왜소행성(작은 행성)으로 분류되면서 태양계의 행성에서 제외되었지요.

6월 June

28일

미술
난이도 ★★★

세계적으로 유명한 미술 작품인 「모나리자」는 누가 그렸을까요?

「모나리자」는 전 세계적으로 유명한 미술 작품으로, 눈썹이 없는 신비로운 미소의 여인을 그린 초상화예요. 이 작품을 그린 화가 레오나르도 다빈치는 건축과 조각으로도 이름을 날린 천재였다고 해요.

 더 알아보기

레오나르도 다빈치는 「모나리자」 외에도 「최후의 만찬」, 「암굴의 성모」, 「성모자」 등 수많은 유명한 작품들을 남겼을 뿐 아니라 그 외의 다양한 분야에 뛰어난 재능을 보였어요. 특히 우리 몸에 관심이 많았던 다빈치는 시체를 직접 해부하여 의학 발전에 큰 영향을 준 해부도를 그리기도 했답니다.

영어
난이도 ★★★

여자 아이가 필통을 잃어버렸어요. 설명을 읽고, 잃어버린 필통이 어떤 것인지 골라 보세요.

"My pencil case is green. There are four pencils, an eraser, and a pink ruler in the pencil case."

① ② ③ ④

여자 아이가 잃어버린 필통에 대한 설명을 하고 있어요. 우리말로 옮기면, '내 필통은 초록색이에요. 필통 안에는 연필 4자루, 지우개, 분홍색 자가 들어 있어요'예요. 따라서 여자 아이가 잃어버린 필통은 ②번이에요.

🎁 오늘의 영어 단어
pencil(연필), eraser(지우개), ruler(자), sharp(샤프), glue(풀), scissors(가위), colored pencil(색연필)

어휘력 쑥쑥
자신의 필통에 대해 영어로 설명해 보세요.

6월 June

30일

일반 상식
난이도 ★★

매미는 암컷이 울까요, 수컷이 울까요?
그리고 매미가 우는 이유는 무엇일까요?

여름이 되면 찾아오는 손님, 바로 매미예요. 여러 마리가 동시에 울면 굉장히 시끄러운 소리가 나지요. 그런데 매미는 수컷만 운다고 해요. 수컷 매미가 우는 이유는 암컷 매미를 유혹하기 위해, 그리고 다른 수컷을 쫓아내기 위해서랍니다.

 더 알아보기

매미의 유충은 땅속에서 3~7년이라는 오랜 시간을 보내다가, 성충이 된 후 땅 위에서 한 달 정도 살고 죽는다고 해요.

7월 July — 1일 — 국어
난이도 ★★

다음 세 문장에서 밑줄 친 낱말의 뜻이 다른 하나는 무엇일까요?

① 둥근 달이 뜬 밤이었어요.
② 나무에서 밤이 툭툭 떨어졌어요.
③ 겨울철에는 밤이 길어요.

우리말에는 소리는 같지만 뜻이 다른 단어가 있어요. 이를 '동음이의어'라고 해요. 예를 들어 '밤'은 똑같이 '밤'으로 읽지만, '해가 져서 어두워진 때'와 '밤나무의 열매' 두 가지의 뜻을 가지고 있지요. ①과 ③은 '해가 져서 어두워진 때'인 '밤'을, ②는 '밤나무의 열매'를 뜻하는 '밤'을 나타낸답니다.

🎁 더 알아보기

다리 ① 사람이나 동물의 몸통 아래에 있는 신체 부위.
　　② 도로, 강, 바다 등의 위를 건너서 지나가기 위해 만들어진 구조물.
말 ① 사람의 생각이나 느낌을 목구멍을 통하여 내는 소리.
　　② 동물의 한 종류.

난이도 ★★★

다음 숫자 카드를 각각 한 번씩 사용하여 만들 수 있는 다섯 자리의 수 가운데 백의 자리 숫자가 5인 가장 큰 수와 작은 수는 무엇일까요?

백의 자리 숫자가 5이므로 우선 다섯 자리의 수를 □□5□□라고 적어 두어요. 그런 다음, 가장 큰 수를 만들려면 남은 수를 큰 수부터 빈 자리에 넣으면 되고, 가장 작은 수는 작은 수부터 빈 자리에 넣으면 돼요. 단, 문제에서 다섯 자리 수라고 했기 때문에 0이 맨 앞에 오면 안 돼요. 이렇게 하면 가장 큰 다섯 자리의 수는 84520, 가장 작은 수는 20548이 된답니다.

🎁 더 알아보기

84521은 10000이 □개, 1000이 □개, 100이 □개, 10이 2개, 1이 □개인 수예요.
□ 안에 알맞은 수를 넣어 보세요.

(정답: 8, 4, 5, 1)

7월 July — 3일 — 영어
난이도 ★★★

서로 반대되는 뜻을 가진 낱말을 찾아 연결해 보세요.

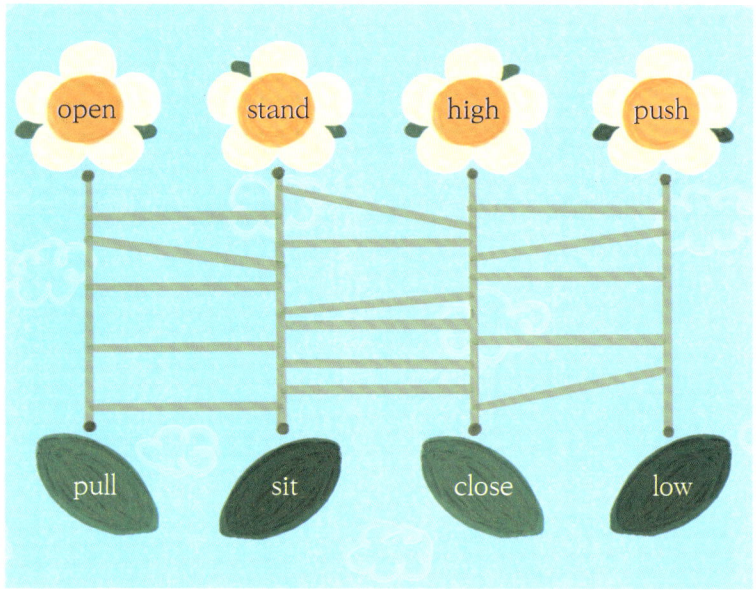

open은 '열다'의 의미이므로 반대어는 '닫다'라는 뜻의 close예요. 마찬가지로 stand(서다)는 sit(앉다), high(높은)는 low(낮은), push(밀다)는 pull(당기다)과 서로 반대어로 연결할 수 있답니다.

🎁 더 알아보기

good(좋은) ↔ **bad**(나쁜), **wet**(축축한, 젖은) ↔ **dry**(마른)
rich(부유한) ↔ **poor**(가난한), **old**(나이 든) ↔ **young**(젊은)

과학

난이도 ★★★

철과 같은 쇠붙이를 끌어당기는 성질을 가지고 있는 물체를 (　　　)이라고 해요.

쇠붙이를 끌어당기는 성질이 있는 자석에는 자철석같이 자연적으로 생겨난 것과 강철 등의 금속을 인공*적으로 자석의 성질을 띠도록 만든 것이 있어요. 하나의 자석은 항상 N극과 S극으로 나뉘는데, 서로 같은 극(N극과 N극, 또는 S극과 S극)끼리 만날 때는 미는 힘이 작용*하고, 서로 다른 극(N극과 S극)끼리 만날 때는 당기는 힘이 작용하지요.

🎁 어휘 풀이

*__인공__ 사람의 힘으로 가공하거나 만듦.
*__작용__ 어떤 현상을 일으킴.

어휘력 쑥쑥

'인공'을 넣어 간단한 문장을 만들어 보세요.

7월 5일 July — 일반 상식 — 난이도 ★★★

( )는 여름철에 나타나는 현상으로, 밤 시간의 최저 기온이 25℃가 넘는 무더운 밤을 일컬어요.

너무 더워서 잘 수가 없네.

낮 최고 기온이 30℃가 넘는 한여름에 밤에도 최저 기온이 25℃ 이하로 내려가지 않을 때가 있어요. 이처럼 너무 더워서 열대 지방*의 밤처럼 잠들기 어려운 밤을 열대야라고 해요. 우리나라에서는 보통 장마철*이 끝난 이후에 종종 나타난답니다.

🎁 어휘 풀이
***열대 지방** 일 년 내내 높은 기온이 계속되는 지역.
***장마철** 여름철에 여러 날 동안 계속해서 비가 내리는 기간.

어휘력 쑥쑥
'장마철'을 넣어 간단한 문장을 만들어 보세요.

- -

7월 July **6일** **한자**

난이도 ★★★

사자성어 九死一生(구사일생)의 뜻을 알아보세요.

九	死	一	生
아홉 구	죽을 사	한 일	날 생

九死一生(구사일생)은 아홉 번 죽을 뻔하다 한 번 살아난다는 뜻으로, 여러 번 죽을 고비를 넘기고 겨우 목숨을 건진 상태를 이르는 말이랍니다.

 비슷한 사자성어
起死回生(기사회생) 거의 죽을 뻔하다가 도로 살아남.

 어휘력 쑥쑥
'구사일생'을 넣어 간단한 문장을 만들어 보세요.

7월 July

7일

역사
난이도 ★★★

고려를 건국한 왕건은 지방 호족들의 힘을 모아
나라를 잘 다스리기 위해 어떤 방법을 썼을까요?

힘 있는 호족들을 내 편으로 만들려다 보니 이렇게 결혼을 많이 해 버렸네.

호족이란, 통일 신라 말기에서 고려 초기에 지방에서 성장하여 고려를 건국하는 데 이바지*한 세력이에요. 왕건은 이들 호족의 딸들과 결혼을 해서 호족을 자기 편으로 만들면 나라를 잘 다스릴 수 있을 거라 생각했어요. 그래서 왕건은 29명의 부인과 혼인을 하였고, 이들과의 사이에 34명의 자식을 두었답니다.

 어휘 풀이
*이바지 도움이 되게 함.

 더 알아보기
왕건은 죽기 전에 훈요 10조를 남겼어요. 훈요 10조는 왕건이 후대 왕들에게 남긴 유언으로, 나라를 잘 다스리기 위해 새겨야 할 내용을 요약한 것이에요.

훈요10조

7월 July
8일
수학
난이도 ★★★

1부터 9까지의 수 가운데 빈칸에 들어갈 수 있는 수의 합을 구해 보세요.

① 726,993,870,000 < 72□,593,750,000
② 35□,886,930,000 > 357,887,990,000

>와 <는 수의 크기를 비교할 때 쓰는 기호로 '부등호'라고 해요. ①은 오른쪽 수가 왼쪽 수보다 크므로, □ 안에 들어갈 수 있는 수는 왼쪽 수의 같은 자리에 위치한 수인 6보다 큰 수예요. 따라서 ①의 □ 안에 들어갈 수 있는 수는 7, 8, 9이므로 이들 수의 합은 7+8+9, 즉 24예요. 같은 이유로 ②번의 □ 안에 들어갈 수 있는 수는 8, 9이고, 답은 17이지요.

🎁 더 알아보기

□ 안에 알맞은 부등호를 넣어 보세요.

35억 8700만 □ 3,588,930,000

836,463,000,000 □ 8364억 6299만

(정답: >, <)

7월 July

9일

음악
난이도 ★★★

같은 노래를 일정한 간격을 두고 따라서 부르는 것을 (　　　)라고 해요.

돌림 노래란, 여러 사람이 같은 노래를 일정한 마디*의 사이를 두고 차례로 부르는 노래예요. 돌림 노래를 부르면 소리의 어울림과 조화로움을 느낄 수 있답니다.

🎁 어휘 풀이
*마디 악보에서 세로줄로 구분되는 부분.

🎁 더 알아보기
높은음자리표 오선으로 그려진 악보에서 두 번째 줄이 '솔' 음의 자리임을 나타내는 기호.

낮은음자리표 오선으로 그려진 악보에서 네 번째 줄이 '파' 음의 자리임을 나타내는 기호.

7월 July — 10일 — 국어
난이도 ★★★★

다음 중 잘못 표현된 문장을 찾고, 그 이유를 말해 보세요.

① 초콜릿과 과자는 달콤합니다.
② 다람쥐와 새가 지저귑니다.
③ 하늘이 푸르고 바람은 시원합니다.

② '다람쥐와 새가 지저귑니다'는 올바른 문장이 아니에요. '새'는 지저귈 수 있지만, '다람쥐'는 지저귈 수 없으므로 서로 호응*을 이루지 못하기 때문이에요. 따라서 이를 올바르게 고치면, '다람쥐는 앉아 있고, 새는 지저귑니다'와 같은 식으로 표현할 수 있답니다.

🎁 **어휘 풀이**
*호응 앞에 어떤 말이 오면 거기에 응하는 말이 따라오는 것.

🎁 **더 알아보기**
밑줄 친 문장을 올바르게 고쳐 써 보세요.
아침에 비와 바람이 불었습니다. → ----------------------------------
노래와 춤을 춥시다. → ----------------------------------

(정답: 아침에 비가 내리고, 바람이 불었습니다.)

7월 July — 11일

안전한 생활
난이도 ★★★

태풍 피해를 줄이기 위해 할 수 있는 일들이에요. 괄호 부분을 완성해 보세요.

① 바깥 활동을 줄이고 되도록 건물 안에 머물러요.
② 정전*이 될 수 있으므로 랜턴 등 비상* 물품을 준비해요.
③ 바닷가 지역에서는 배를 단단히 묶거나 미리 육지로 옮겨 두어요.
④ 가정에서는 (   ).

해마다 7월에서 9월 사이에 찾아오는 태풍 때문에 큰 피해를 입는 경우가 많아요. 그러나 태풍이 오기 전에 대비*한다면 피해를 줄일 수 있지요. 이를 위해 각 가정에서 할 수 있는 일은 일기 예보나 재난 예보 문자 등을 잘 살피고, 집 밖에 있는 물건을 미리 안으로 들여놓거나, 창문이 흔들리지 않도록 창틀에 종이를 끼워 넣는 것 등이 있어요.

 어휘 풀이

*정전 전기가 끊어짐.
*비상 뜻밖의 긴급한 상황.
*대비 앞으로 일어날 일에 대응하기 위하여 미리 준비함.

7월 July

12일

미술
난이도 ★★★★

(   )란, 종이 위에 물감을 두껍게 색칠한 다음, 반으로 접거나 그 위에 다른 종이를 덮어 찍어서 무늬를 만드는 것을 말해요.

데칼코마니의 가장 큰 특징은 바로 원래의 무늬와 대칭*의 무늬가 만들어진다는 점이에요. 물감을 두껍게 바른 종이를 반으로 접거나 다른 종이로 덮어서 찍어 낸 무늬는 원래의 무늬와 대칭을 이루어 또 다른 아름다운 무늬가 된답니다.

🎁 **어휘 풀이**
***대칭** 두 개의 대상이 거울에 비친 것처럼 똑같은 모양으로 마주 놓인 것.

✨ **어휘력 쑥쑥**
'대칭'을 넣어 간단한 문장을 만들어 보세요.

- -

7월 13일 영어
난이도 ★★

아이가 엄마와 함께 쇼핑을 갔어요.
두 사람이 사려는 물건을 찾아 ○표 하세요.

아이는 엄마에게 "엄마, 분홍색 티셔츠를 갖고 싶어요"라고 말하고, 엄마는 "분홍색 티셔츠와 파란색 가방을 살 거야"라고 말하고 있어요.

🎁 오늘의 영어 단어
black(검정), pink(분홍), purple(보라), green(초록),
blue(파랑), red(빨강), brown(갈색), yellow(노랑)

✈ 어휘력 쑥쑥
위 그림을 보고 자신이 갖고 싶은 물건을 영어로 써 보세요.

- -

7월 July

14일

과학
난이도 ★★★★

식물은 어떻게 양분을 얻을까요?

동물은 먹이나 음식을 먹음으로써 양분을 얻지만, 식물은 햇빛과 물, 이산화탄소를 이용해 필요한 양분을 스스로 만들어요. 이러한 과정을 광합성이라고 한답니다.

🎁 더 알아보기

식물은 지구 온난화를 일으키는 이산화탄소를 흡수하고 산소를 내뿜기 때문에 지구 온난화를 막는 데 큰 도움이 된답니다.

역사
난이도 ★★★★

고려의 네 번째 왕인 광종은 왕의 힘을 키우기 위해 시험을 쳐서 관리*를 뽑는 (　　　) 제도를 시행*했어요.

고려의 태조인 왕건은 지방 호족의 딸들과 결혼하여 나라를 안정시켜 나갔어요. 하지만 힘센 호족들이 계속 나라의 높은 자리를 차지하며 권력 다툼을 벌이자, 광종은 과거 제도를 시행함으로써 신분과 관계없이 능력 있는 사람을 뽑아 썼어요. 그 결과, 왕의 힘은 커지고 호족의 힘이 약해지면서 고려는 안정을 되찾았답니다.

 어휘 풀이
*관리 나랏일을 하는 사람.
*시행 실제로 행함.

어휘력 쑥쑥
'관리'를 넣어 간단한 문장을 만들어 보세요.

7월 July — 16일 — 도덕

난이도 ★★★

문자 메시지나 소셜 네트워크 서비스(SNS), 온라인 대화 서비스 등에서 대화를 할 때는 어떤 예절을 지켜야 하는지 생각해 보세요.

사람과 사람이 직접 만나서 대화할 때 예절이 필요하듯, 온라인에서 하는 대화에도 예절이 필요해요. 대화를 시작하고 끝낼 때는 꼭 인사를 하고, 바른 말을 써야 하며, 상대에게 불쾌감을 주는 말을 쓰지 않아야 해요. 또한 사실과 다른 내용을 올리지 않도록 주의해야 한답니다.

더 알아보기

직접 대화할 때 주의해야 할 점
- 다른 사람이 말할 때 끼어들지 않아요.
- 적절한 반응을 하며 이야기를 들어요.
- 관심이 없는 이야기라도 끝까지 들어요.

7월 July 17일 제헌절

일반 상식
난이도 ★★★

제헌절은 1948년 7월 17일 대한민국의 (　　　)을 만들어 국민에게 널리 알린 것을 기념하는 날이에요.

제헌절은 우리나라의 헌법을 제정하고 이를 국민에게 널리 알린 것을 기념하여 만든 날이에요. 우리나라의 헌법에는 최고의 권력*은 국민에게 있다는 '국민 주권주의', 개인의 자유를 존중*하는 '자유주의' 등에 관한 내용이 담겨 있답니다.

🎁 어휘 풀이
* **권력** 남을 복종시키거나 지배할 수 있는 공인된 힘.
* **존중** 높이어 귀하게 대함.

어휘력 쑥쑥
'권력'을 넣어 간단한 문장을 만들어 보세요.

7월 July — 18일

수학
난이도 ★★★

4부터 9까지의 수를 한 번씩만 사용해서 가장 큰 세 자리 수와 가장 작은 두 자리 수를 만든 다음, 그 두 수를 곱해 보세요.

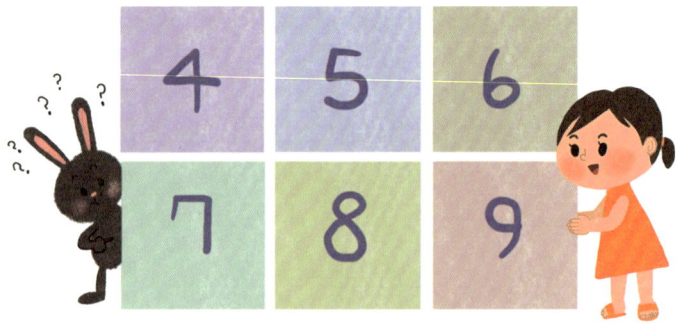

4, 5, 6, 7, 8, 9 여섯 개의 수를 한 번씩만 사용해서 만든 가장 큰 세 자리 수는 987이고, 가장 작은 두 자리 수는 45예요. 이 두 수를 곱하여 계산하면 987×45, 즉 44415랍니다.

더 알아보기

(세 자리 수) × (두 자리 수)와 (세 자리 수) × (세 자리 수)의 세로 셈 방법을 알아보아요.

```
      987                        456
  ×    45                    ×   789
    -----                       -----
     4935  ← (987 × 5)         4104  ← (456 × 9)
  + 39480  ← (987 × 4)        36480  ← (456 × 8)
    -----                   + 319200  ← (456 × 7)
    44415                       ------
                               359784
```

7월 July 19일 과학
난이도 ★★★

섭취한 음식물을 잘게 쪼개서 영양분을 흡수하는 것을 (　　)라고 하는데 입, 식도, (　　), (　　), 대장에서 일어난답니다.

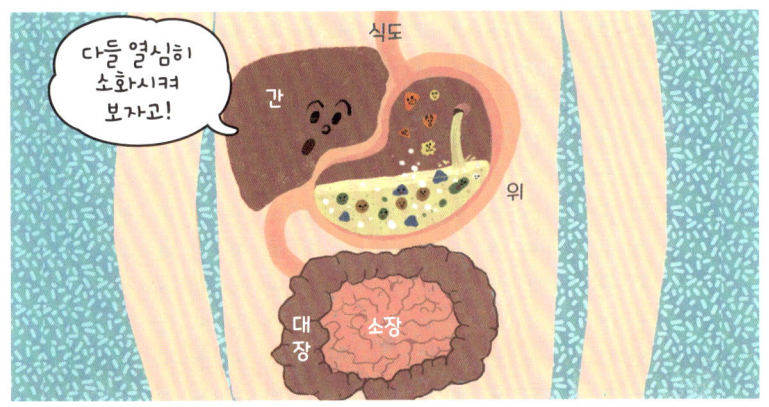

우리는 음식을 섭취함으로써 몸에 필요한 영양분을 얻어요. 섭취한 음식물을 잘게 분해하여 영양분을 흡수하기 쉬운 형태로 만드는 것을 소화라고 하지요. 우리 몸에서 소화를 담당하는 기관으로는 입, 식도, 위, 소장, 대장 등이 있답니다.

더 알아보기
이도 음식물을 소화하는 데 도움을 줘요. 앞니는 음식물을 자르고, 송곳니는 음식물을 찢으며, 어금니는 음식물을 잘게 부수지요.

어휘력 쑥쑥
'소화'를 넣어 간단한 문장을 만들어 보세요.

7월 July — 20일 — 영어
난이도 ★★★★

서로 관계있는 것끼리 연결해 보세요.

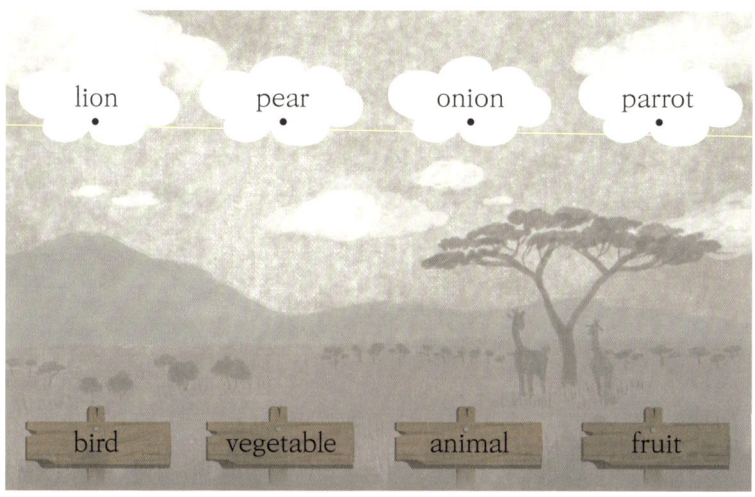

lion(사자)은 동물이므로 animal, pear(배)는 과일이므로 fruit, onion(양파)은 채소이므로 vegetable, parrot(앵무새)은 새이므로 bird와 연결할 수 있어요.

🎁 오늘의 영어 단어
giraffe(기린), tiger(호랑이), turtle(거북이), rabbit(토끼), mouse(쥐), sheep(양), monkey(원숭이), crocodile(악어), fox(여우), cow(소)

어휘력 쑥쑥
자신이 태어난 해를 상징하는 동물을 영어로 써 보세요.

7월 July - 21일

한자
난이도 ★★★

사자성어 結草報恩(결초보은)의 뜻을 알아보세요.

結	草	報	恩
맺을 **결**	풀 **초**	갚을 **보**	은혜 **은**

結草報恩(결초보은)의 뜻은 풀을 묶어서 은혜를 갚다, 즉 죽은 뒤에라도 잊지 않고 은혜를 갚는다는 뜻이에요. 그런데 은혜를 갚기는커녕 은혜를 잊고 배신한다는 뜻의 사자성어도 있어요. 바로 背恩忘德(배은망덕)이지요. 은혜를 갚는 것을 중요하게 생각한 옛사람들은 "배은망덕한 놈"이라는 말을 하나의 욕처럼 사용했답니다.

 비슷한 사자성어

刻骨難忘(각골난망) 남에게 입은 은혜가 뼈에 사무쳐 잊히지 아니함.

역사
난이도 ★★★★

(　　　)는 1281년 고려의 승려* 일연이 지은 역사책으로, 『삼국사기』와 함께 삼국 시대를 다룬 우리나라의 역사책이에요.

   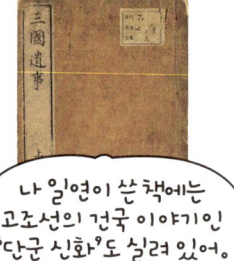

나 일연이 쓴 책에는 고조선의 건국 이야기인 '단군 신화'도 실려 있어.

몽골의 계속된 침략으로 백성들이 고통을 받자, 일연은 민족의 자주* 의식을 불어넣기 위해 책을 썼어요. 그렇게 완성된 책이 바로 『삼국유사』예요. 『삼국유사』에는 불교에 관한 신비로운 이야기가 담겨 있는데, 일연은 이를 통해 고려의 백성들이 고난*을 극복*하기를 바랐답니다.

어휘 풀이
* **승려** 불교의 가르침을 배우고 실천하는 출가 수행자를 일컫는 말.
* **자주** 남의 도움이나 간섭을 받지 않고 스스로 자기 일을 처리하는 것.
* **고난** 괴로움과 어려움.
* **극복** 고생 등을 이겨 냄.

더 알아보기
『삼국사기』는 고려 시대의 학자 김부식이 인종의 명령에 따라 펴낸 역사책으로, 고구려와 백제, 신라의 역사가 담겨 있어요.

『삼국사기』본문

7월 23일 July

과학
난이도 ★★★

버섯은 어떻게 번식할까요?

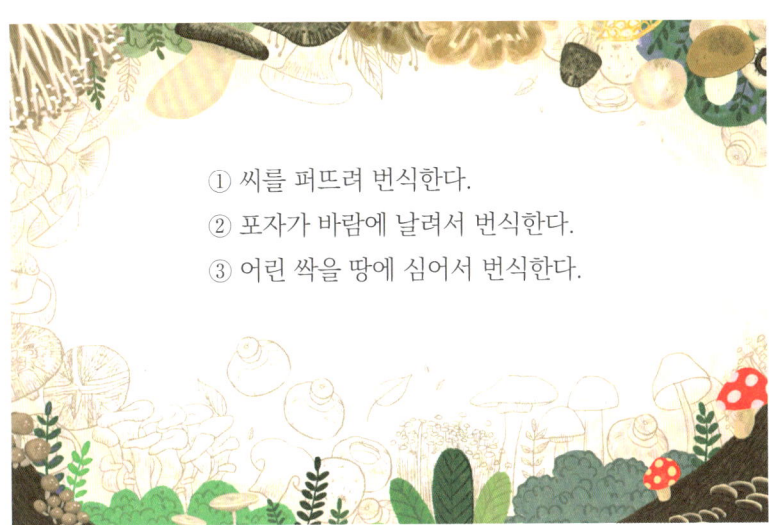

① 씨를 퍼뜨려 번식한다.
② 포자가 바람에 날려서 번식한다.
③ 어린 싹을 땅에 심어서 번식한다.

버섯은 씨가 없어요. 대신 우산처럼 생긴 갓 아래 주름진 곳에서 포자라는 것을 만들지요. 포자는 그 크기가 너무 작아서 우리 눈으로 볼 수는 없지만, 바람을 타고 멀리 퍼져 땅 위로 떨어지면 이것이 자라 버섯이 된답니다.

 더 알아보기

절대로 먹으면 안 되는 독버섯의 특징

- 냄새가 고약해요.
- 색깔이 화려하고 진해요.
- 끈적끈적한 점액이 묻어 있어요.

7월 July 24일 국어
난이도 ★★★★

다음 문장의 '손'과 같은 뜻으로 사용된 문장을 골라 보세요.

친구를 향해 손을 흔들어요.

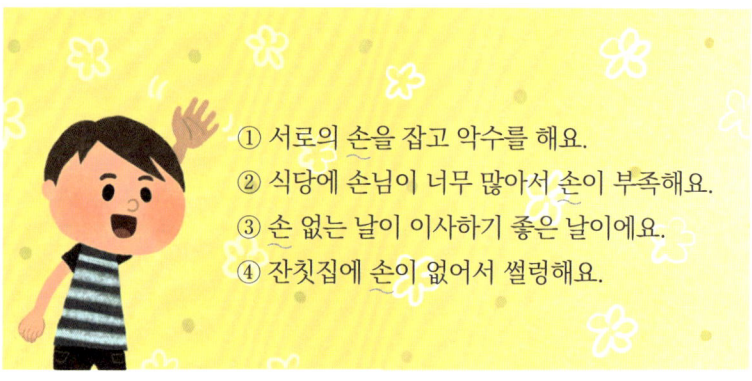

① 서로의 손을 잡고 악수를 해요.
② 식당에 손님이 너무 많아서 손이 부족해요.
③ 손 없는 날이 이사하기 좋은 날이에요.
④ 잔칫집에 손이 없어서 썰렁해요.

'손'에는 여러 가지 의미가 있는데, 예문에서의 '손'은 무언가를 만지거나 잡을 때 쓰는, 사람의 팔목 아래에 있는 신체 부위를 말해요. ①에 쓰인 '손'은 이와 같은 뜻으로 사용되었지만, ②에 쓰인 '손'은 일을 하는 사람, 즉 일손을 뜻하는 말이지요. ③은 사람을 따라다니며 못살게 구는 귀신을 의미하고, ④는 손님이라는 뜻이에요.

🎁 더 알아보기

'손'이라는 단어에는 위에서 설명한 뜻 외에도 여러 가지가 있어요.
· 손끝의 다섯 개로 갈라진 부분 (예: 손에 낀 반지가 무척 예뻐요.)
· 어떤 일을 하는 데 드는 사람의 힘이나 노력 (예: 그 일은 어렵고 복잡해서 손이 많이 가요.)

7월 July

25일

영어

난이도 ★★★★

다음 문장을 읽고 친구가 꿈꾸는 직업이 무엇인지 생각해 보세요.

> I like airplanes. I feel good when I get on a airplane.
> I often imagine flying in the sky by airplane.
> What is my dream?

위의 문장은 '나는 비행기를 좋아해요. 비행기를 타면 기분이 좋아요. 나는 종종 비행기를 타고 하늘을 나는 상상을 해요. 내 꿈은 무엇일까요?'라는 뜻이에요. 이 내용을 바탕으로, 친구가 꿈꾸는 직업은 비행기 조종사, 즉 pilot이라는 걸 알 수 있어요.

 오늘의 영어 단어

job(직업), actor(배우), singer(가수), teacher(교사), athlete(운동선수), engineer(기술자), doctor(의사), farmer(농부), creator(크리에이터), police officer(경찰관), fireman(소방관)

7월 July — 26일

수학
난이도 ★★★

정훈이는 반 친구 23명과 함께 딸기 따기 체험을 하러 갔는데, 모두 372개의 딸기를 땄어요. 딸기를 친구 23명과 똑같이 나누고 남는 딸기는 정훈이가 갖기로 했다면, 정훈이는 모두 몇 개의 딸기를 갖게 될까요?

딸기를 딴 사람의 수는 정훈이를 포함하여 모두 24명이에요. 딸기의 개수는 372개이므로 이것을 24로 나누면(372÷24) 몫이 15이고 나머지는 12예요. 그러면 24명이 각각 15개의 딸기를 가져가고 남은 12개는 정훈이가 갖기로 했으므로, 정훈이는 모두 27개(15+12)의 딸기를 갖게 되지요.

더 알아보기

```
         15  ← 몫
    ┌─────
 24 │ 372
    - 24
    ─────
      132
    - 120
    ─────
       12  ← 나머지
```

나눗셈 검산하기

$372 \div 24 = 15 \cdots 12$

[검산] $24 \times 15 + 12 = 372$

7월 July 27일

일반 상식
난이도 ★★★

모기에게 물리면 피부가 왜 가렵고 부풀어 오를까요?

모기에 물리면 가려워서 자꾸 긁게 돼요. 그 이유는 바로 모기가 피를 빨 때 넣는 물질 때문이지요. 사람의 피는 몸 밖으로 나오면 굳는 성질이 있는데, 모기는 피를 빠는 동안 피가 굳지 않게 하는 물질을 우리 몸속에 넣어요. 바로 이 물질 때문에 피부가 가려운 것이랍니다.

 더 알아보기

모기에 물리면 가려움을 참지 못하고 긁거나 침을 바르곤 해요. 하지만 이런 방법들은 모두 세균 감염의 원인이 될 수 있어요. 그래서 모기에 물리면 그 부위에 얼음찜질을 하거나 찬물에 녹인 베이킹 소다를 발라서 가려움을 가라앉혀야 한답니다.

7월 July — 28일 — 국어

난이도 ★★★

다음 문장에서 이어 주는 말 중 알맞은 것에 ○표 하세요.

① 나는 사과를 좋아한다. (그리고, 그래서) 포도도 좋아한다.
② 오빠는 수학을 잘한다. (왜냐하면, 그러나) 미술은 못한다.
③ 진수는 공부를 열심히 했다. (그래서, 그리고) 반에서 1등을 했다.
④ 나는 배탈*이 났다. (왜냐하면, 그리고) 상한 음식을 먹었기 때문이다.

이어 주는 말은 두 개의 문장을 자연스럽게 연결*해 주는 역할을 해요. '그리고'는 서로 비슷한 내용을 이어 줄 때, '그러나'는 서로 반대되는 내용을 이어 줄 때, '그래서'는 원인을 나타내는 문장 뒤에 결과를 나타내는 문장을 이어 줄 때, '왜냐하면'은 결과를 나타내는 문장 뒤에 원인을 나타내는 문장을 이어 줄 때 사용해요. 따라서 ①은 '그리고', ②는 '그러나', ③은 '그래서', ④는 '왜냐하면'이 이어 주는 말로 알맞은 표현이랍니다.

어휘 풀이

*배탈 먹은 것이 체하거나 설사를 하는 배 속 병을 통틀어 이르는 말.
*연결 사물과 사물을 서로 잇거나 현상과 현상이 관계를 맺게 함.

7월 29일 사회 난이도 ★★

산이 많은 고장에서 주로 볼 수 있는 직업을 골라 보세요.

① 회사에 다니는 사람
② 목장에서 양을 키우는 사람
③ 버스를 운전하는 사람
④ 배를 타고 물고기를 잡는 사람

산이 많은 고장에 사는 사람들은 주로 산비탈에 밭을 일구어 채소를 키우거나, 목장을 만들어 소나 양 등을 키워요. 또 추운 겨울이 되면 산비탈을 스키장으로 만들어 일하기도 해요.

 더 알아보기

근처에 바다가 있는 고장에는 배를 타고 물고기를 잡는 사람, 이들이 잡아온 물고기를 파는 사람, 여행객을 위한 숙박 시설을 운영하는 사람 등이 있답니다.

7월 July — 30일

역사 난이도 ★★★★

조선 시대에는 유교 정신을 잘 따르는 나라를 만들기 위해 유교에서 중요하게 생각하는 도덕의 기본 법칙인 (   )을 강조했어요.

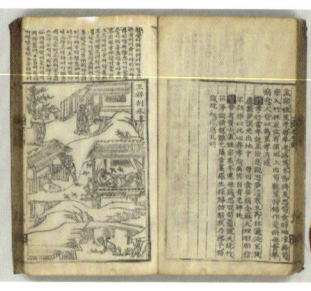

"내가 백성들의 교육을 위해 도덕 교과서를 만들었노라!"

조선 시대 사람들은 삼강오륜을 배우고 지켜 나갔어요. '삼강'이란 임금과 신하, 아버지와 아들, 남편과 아내가 지켜야 할 도리*를 말하고, '오륜'은 임금과 신하, 부모와 자녀, 남편과 아내, 어른과 아이, 친구 사이에서 지켜야 할 다섯 가지 도리를 이르지요.

어휘 풀이
*도리 사람이 마땅히 행해야 할 바른길.

더 알아보기

삼강	① 군위신강(君爲臣綱): 신하는 임금을 섬겨야 함. ② 부위자강(父爲子綱): 자식은 부모를 섬겨야 함. ③ 부위부강(夫爲婦綱): 아내는 남편을 섬겨야 함.
오륜	① 군신유의(君臣有義): 임금과 신하 사이에는 의리가 있어야 함. ② 부자유친(父子有親): 부모와 자식 사이에는 사랑이 있어야 함. ③ 부부유별(夫婦有別): 부부 사이에는 행동의 차이가 있어야 함. ④ 장유유서(長幼有序): 어른과 아이 사이에는 차례와 질서가 있어야 함. ⑤ 붕우유신(朋友有信): 친구 사이에는 믿음이 있어야 함.

일반 상식
난이도 ★★★

도넛은 왜 가운데가 뚫려 있을까요?

도넛이 처음 만들어졌을 당시에는 구멍이 없는 동그란 모양이었어요. 그런데 구멍이 없는 동그란 도넛은 튀길 때 가운데까지 고르게 익지 않았지요. 그래서 도넛 가운데에 구멍을 내고 튀기자, 도넛이 골고루 잘 익었어요. 그때부터 도넛 가운데에 구멍을 내기 시작했다고 해요.

 더 알아보기

슈퍼마켓에서 파는 비스킷에도 작은 구멍이 송송 나 있는 경우가 있어요. 비스킷 또한 마찬가지로 구멍을 내면 골고루 잘 익는 데다 바삭한 식감까지 더해진다고 해요.

다음은 숫자 '3'을 일정한 규칙에 따라 움직였을 때 나타난 모양이에요.
빈칸에 들어갈 알맞은 모양을 그려 보세요.

3 → ω → Ɛ → ɯ → 3 → ① □ →

Ɛ → ɯ → ② □ → ω → Ɛ → ③ □

위의 그림은 '3'이라는 숫자를 시계 방향(오른쪽)으로 90°씩 돌려서 나타난 모양이 반복되고 있어요. 따라서 ①은 ω, ②는 3, ③은 ɯ이랍니다.

더 알아보기

어떤 모양을 시계 방향으로 90° 돌린 것은 시계 반대 방향으로 270° 돌린 것과 모양이 같아요.

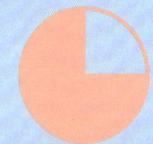 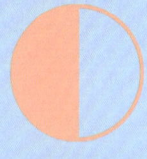 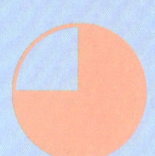

시계 방향으로 90° = 시계 반대 방향으로 270° | 180° | 시계 방향으로 270° = 시계 반대 방향으로 90°

과학
난이도 ★★★

제주도는 먼 옛날에 바다 밑에서 (　　　)이 폭발해 만들어진 섬이에요.

제주도는 바다 밑에서 화산이 폭발해 만들어진 화산섬*이에요. 제주도에서 흔히 볼 수 있는 구멍이 송송 뚫린 검은 돌들이 그 증거 중 하나이지요. 동해에 있는 울릉도와 독도도 제주도와 같은 화산섬이랍니다.

 어휘 풀이

*화산섬 바다 밑에서 화산이 폭발해 나온 용암이 쌓여 만들어진 섬.

 더 알아보기

제주도에 가면 구멍이 송송 뚫려 있고, 여러 가지 작은 알갱이들이 섞여 있는 검정색 돌을 자주 볼 수 있어요. 이를 현무암이라고 해요. 제주도의 마을 입구에 세워져 수호신 역할을 하는 돌하르방도 바로 현무암으로 만든 것이랍니다.

8월 August

3일

국어
난이도 ★★★

괄호 안에 들어갈 알맞은 낱말을 골라 써 보세요.

| 소곤소곤 | 두근두근 | 와글와글 | 힐긋힐긋 | 사뿐사뿐 |

① 복도 위를 (　　　　) 걸어가요.
② 무서운 영화를 볼 때 가슴이 (　　　　) 뛰어요.
③ 친구가 나를 (　　　　) 쳐다봐요.
④ 수업 시간에 짝이랑 (　　　　) 이야기했어요.

'소곤소곤'은 남이 알아듣지 못하도록 작은 목소리로 가만가만 이야기하는 소리 또는 그 모양, '두근두근'은 몹시 놀라거나 불안하여 가슴이 크게 뛰는 모양, '와글와글'은 사람 등이 한곳에 많이 모여서 떠들거나 움직이는 소리 또는 모양, '힐긋힐긋'은 가볍게 슬쩍 흘겨보는 모양, '사뿐사뿐'은 소리가 나지 않을 정도로 가볍게 걷는 모양을 나타내는 말이에요. 따라서 ①은 '사뿐사뿐', ②는 '두근두근', ③은 '힐긋힐긋', ④는 '소곤소곤'이 들어가면 자연스러운 문장이 된답니다.

🎁 더 알아보기

'꿀꿀', '쾅쾅', '꿀꺽' 등 사람이나 동물, 사물의 소리를 흉내 낸 말을 의성어라 하고, '아장아장', '진득진득', '싱글벙글', '바글바글' 등 사람이나 동물, 사물의 모양이나 움직임을 흉내 낸 말을 의태어라고 하지요.

8월 August 4일 | **일반 상식** 난이도 ★★★

놀이 공원에 가면 풍선이 하늘에 둥둥 뜨거나 날아가는 모습을 볼 수 있어요. 그 이유를 알아보고 답을 괄호 안에 써 보세요.

놀이 공원 풍선은 하늘로 떠오르던데, 내가 분 풍선은 왜 안 떠오르지?

아, 그건 바로 (　　　) 때문이야!

우리가 입으로 분 풍선은 하늘 위로 떠오르지 않지만, 놀이 공원에서 흔히 볼 수 있는 풍선은 자칫 잡고 있던 줄을 놓치기라도 하면 하늘로 둥둥 떠올라요. 그 이유는 바로 헬륨 때문이에요. 놀이 공원에서 볼 수 있는 풍선 속에는 헬륨이라는 기체가 들어 있는데, 헬륨은 공기보다 가벼워서 위로 떠오르는 것이랍니다.

 더 알아보기

하늘로 올라간 풍선은 어떻게 될까?
하늘로 높이 올라갈수록 기압, 즉 공기의 압력이 줄어들어요.
따라서 풍선은 점점 크게 부풀어 오르다 결국 터져 버리고 말아요.

8월 August

5일

역사
난이도 ★★★★

금속 활자로 찍은 책 가운데 지금까지 전해지는 가장 오래된 책은 1377년에 만든 ( ) 이에요.

고려의 많은 문화유산* 가운데 가장 유명한 것은 인쇄술*이에요. 처음에는 나무 판에 책의 내용을 새겨 찍어 냈는데, 나무 판이 쉽게 망가져 다시 만들어야 하는 경우가 많았어요. 이런 문제점을 해결하기 위해 생각해 낸 것이 바로 금속 활자*예요. 이 금속 활자로 찍어 낸 책 중 세계에서 가장 오래된 것은 바로 1377년에 만든 『직지심체요절』이랍니다. 이 책은 2001년 유네스코 세계 기록 유산으로 지정*되었어요.

🎁 **어휘 풀이**

*문화유산 후손에게 물려줄 가치가 있는 조상의 문화.
*인쇄술 판의 겉면에 새겨진 글이나 그림 등을 잉크, 또는 먹을 사용하여 종이에 찍어 내는 기술.
*활자 네모기둥 모양의 금속 윗면에 문자를 튀어나오게 새긴 것.
*지정 단체, 학교, 회사, 개인 등이 어떤 것에 특정한 자격을 줌.

난이도 ★★★

다음 예문에서 틀린 문장을 찾아 바르게 고쳐 보세요.

'There is' 또는 'There are'는 '~이 있다'라는 뜻이에요. 'There is'의 다음에는 단수, 즉 하나의 수를 나타내는 명사가 따르고, 'There are'의 다음에는 복수, 즉 둘 이상의 수를 나타내는 명사가 와요. 따라서 'There are an eraser on the desk'는 잘못된 문장(한 개의 지우개)으로, 이것을 바르게 고치면 'There is an eraser on the desk'로 표현할 수 있어요.

 더 알아보기

'~이 없다'는 'There is' 또는 'There are' 뒤에 'not'을 붙여서 'There is not(isn´t)' 또는 'There are not(aren´t)'으로 표현할 수 있답니다.

8월 August

7일

한자

난이도 ★★★

사자성어 賊反荷杖(적반하장)의 뜻을 알아보세요.

賊	反	荷	杖
도둑 적	오히려 반	멜 하	몽둥이 장

賊反荷杖(적반하장)은 도둑이 오히려 몽둥이를 든다, 즉 잘못한 사람이 아무 잘못이 없는 사람을 도리어 나무란다는 뜻이에요.

 비슷한 속담
방귀 뀐 놈이 성낸다.

 어휘력 쑥쑥
'적반하장'을 넣어 간단한 문장을 만들어 보세요.

8월 August

8일

체육
난이도 ★★★

각 그림의 운동 경기에 필요한 인원수를 합하면 모두 몇 명일까요?
(단, 인원수는 정식 경기를 기준으로 해요.)

야구 경기는 한 팀에 9명이 경기를 하고, 축구 경기는 한 팀에 11명(골키퍼 포함)이 경기를 해요. 또 배구 경기는 한 팀에 6명이 뛰고, 농구 경기는 한 팀에 5명이 필요해요. 따라서 이 모두를 더한 수는 31명이랍니다.

 더 알아보기

공을 사용하는 운동 경기 중 선수의 수가 가장 많은 종목은 럭비로, 한 팀에 15명이 뛰지요. 그리고 공의 속도가 가장 빠른 종목은 배드민턴인데, 최고 속도가 시속 426킬로미터나 된다고 해요.

수학
난이도 ★★★

주머니에 구슬이 18개가 담겨 있어요. 은찬이와 수아가 번갈아* 가며 구슬을 꺼냈는데, 은찬이는 한 번에 1개씩, 수아는 한 번에 2개씩 꺼냈어요. 주머니에 구슬이 3개 남았을 때, 은찬이와 수아는 각각 몇 개의 구슬을 꺼냈을까요?

은찬이와 수아가 각각 꺼낸 구슬의 개수와 주머니에 남은 구슬의 개수를 표로 그려서 나타내면 쉽게 계산할 수 있어요.

	1회	2회	3회	4회	5회
은찬	1개	2개	3개	4개	5개
수아	2개	4개	6개	8개	10개
남은 구슬	15개	12개	9개	6개	3개

표를 보면, 주머니에 남은 구슬이 3개일 때 은찬이는 5개, 수아는 10개의 구슬을 꺼낸 것을 알 수 있답니다.

 어휘 풀이
*번갈다 일정한 시간 동안 한 사람씩 차례를 바꾸다.

 어휘력 쑥쑥
'번갈다'를 넣어 간단한 문장을 만들어 보세요.

8월 August

10일

도덕
난이도 ★★★

'최선'과 '인내'의 사전적 의미를 이해한 다음, 최선을 다해야 하고 인내심을 발휘해야 하는 일에는 각각 무엇이 있는지 써 보세요.

사전

최선
온 정성과 힘.

인내
괴로움이나 어려움을 참고 견딤.

'최선'
예: 방 청소를 깨끗이 하려고 노력한다.

'인내'
예: 문제집을 목표한 양만큼 끝까지 푼다.

'최선'과 '인내'에 관하여 다짐할 수 있는 내용은 아주 많아요. 위에 나온 예시 외에도 '최선'은 '모르는 문제를 이해할 때까지 끈기 있게 풀어 보는 것'이라고 할 수도 있고, '인내'는 '하프 마라톤을 오랜 시간이 걸리더라도 포기하지 않고 달리는 것'이라고도 할 수 있어요.

어휘력 쑥쑥

'최선' 또는 '인내'를 넣어 간단한 문장을 만들어 보세요.

8월 August

11일 | **국어**
난이도 ★★★

다음 낱말 중 성질이 다른 하나는 무엇일까요?

| 동물 | 식탁 | 인간 | 학교 | 태양 | 리본 | 국어 |

우리말의 단어는 그 유래에 따라 고유어, 한자어, 외래어로 나뉘어요. 고유어는 본디 있던 우리 고유의 말인 아버지, 어머니, 하늘, 땅 등이고, 한자어는 한자가 바탕이 된 동물(動物), 식탁(食卓), 인간(人間), 학교(學校), 태양(太陽), 국어(國語) 등이며, 외래어는 다른 나라의 말이 우리나라에 들어와 우리말처럼 쓰이게 된 리본, 오렌지, 망토, 버스 등이에요. 보기의 낱말은 외래어인 리본만 제외하고 모두 한자어이므로, 정답은 리본이에요.

 어휘력 쑥쑥

고유어와 한자어, 외래어를 각각 한 개씩 써 보세요.

8월 August · **12일** · **음악** 난이도 ★★★

다음은 음악에서 곡의 빠르기를 가리키는 용어*들이에요.
용어들을 가장 느린 것부터 가장 빠른 것까지 순서대로 나열해 보세요.

Allegretto(알레그레토)
Andante(안단테)
Andantino(안단티노)
Presto(프레스토)
Moderato(모데라토)
Adagio(아다지오)
Allegro(알레그로)

음악에는 빠르기를 나타내는 용어들이 있어요. 이 용어들을 느린 것부터 순서대로 나열하면, Adagio(아다지오: 조용하고 느리게) → Andante(안단테: 느리게) → Andantino(안단티노: 조금 느리게) → Moderato(모데라토: 보통 빠르게) → Allegretto(알레그레토: 조금 빠르게) → Allegro(알레그로: 빠르게) → Presto(프레스토: 아주 빠르게)순이 되지요.

 어휘 풀이
*용어 일정한 분야에서 주로 사용하는 말.

 더 알아보기
악보에서 음의 세기를 강하게 또는 약하게 연주하도록 지시하는 용어도 있어요. Crescendo(크레셴도)와 Decrescendo(데크레셴도)예요. 크레셴도는 점점 세게 연주하라는 말(기호 <)이고, 데크레셴도는 점점 여리게 연주하라는 말(기호 >)이에요.

8월 August — 13일

과학
난이도 ★★★

일주일 전에 따라 놓은 물의 양이 줄어들었어요.
어떻게 된 일인지 알아보고, 괄호 안에 알맞은 말을 써 보세요.

액체의 표면에서 액체의 분자, 즉 눈에 보이지 않는 작은 액체 알갱이들이 기체로 변하여 공기 중으로 날아가는 현상을 '증발'이라고 해요. 일주일 전에 받아 둔 물의 양이 줄어든 것은 바로 물이 공기 중으로 증발했기 때문이랍니다.

 더 알아보기

젖은 빨래를 널어 두면 시간이 지나면서 조금씩 마르는 것도, 접시 위에 올려 둔 촉촉한 식빵이 딱딱해지는 것도 모두 수분이 증발해서 나타나는 현상이에요.

영어

난이도 ★★

각 그림의 상황에 맞게 괄호 안에 알맞은 단어를 써 보세요.

① It is (   ). ② It is (   ).

③ It is (   ). ④ It is (   ).

맛을 나타내는 단어에는 'sweet(달콤한)', 'salty(짠)', 'spicy(매운)', 'sour(신, 시큼한)', 'bitter(쓴)' 등이 있어요. 1은 'It is spicy', 2는 'It is sweet', 3은 'It is sour', 4는 'It is bitter'라고 표현할 수 있어요.

 오늘의 영어 단어

pizza(피자), chocolate(초콜릿), pork cutlet(돈가스), curry(카레), noodle(국수), steak(스테이크), soup(수프), sandwich(샌드위치), hamburger(햄버거), salad(샐러드), fried rice(볶음밥), sausage(소시지)

8월 August

 광복절

역사

난이도 ★★

(　　　　)년 8월 15일, 일본이 연합군에 무조건 항복*하면서 우리나라는 36년 만에 일본으로부터 해방되었답니다.

제2차 세계 대전이 막바지*에 이르렀을 즈음, 연합국에 속해 있던 미국이 일본의 히로시마와 나가사키에 원자 폭탄을 투하*했어요. 이로 인해 엄청난 타격*을 입은 일본은 결국 1945년 8월 15일 연합국에 항복을 선언했고, 36년간 일본의 식민지였던 우리나라도 광복을 맞이했답니다.

 어휘 풀이

* **항복** 상대의 힘에 눌려 패배를 인정하고 엎드림.
* **막바지** 마지막 단계.
* **투하** 던져서 아래로 떨어뜨림.
* **타격** 어떤 일에서 크게 기를 꺾음.

 더 알아보기

독립을 위해 힘쓴 독립운동가들

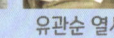

안중근 의사　　유관순 열사　　김좌진 장군

난이도 ★★★

고대 이집트 사람들은 죽은 뒤에도 영혼이 살아 있다고 믿었어요. 그래서 죽은 사람의 몸이 썩지 않도록 (   )로 만들었지요.

영화나 텔레비전을 통해 과거 이집트 사람들이 만들었다는 미라를 본 적이 있을 거예요. 미라는 특수한 방법으로 썩지 않게 만든 사람이나 동물의 시체를 말해요. 이집트 사람들은 시체를 미라로 만들어 보존*하면 죽은 사람이 내세*에 영생*할 수 있다고 믿었어요. 그래서 온갖 정성을 다하여 시체가 썩지 않도록 만들었답니다.

 어휘 풀이
*보존 잘 보호하고 보관하여 남아 있게 함.
*내세 죽은 뒤에 다시 태어나서 살게 된다는 미래의 세상.
*영생 영원히 삶.

 어휘력 쑥쑥
'보존'을 넣어 간단한 문장을 만들어 보세요.

8월 August

17일

미술

난이도 ★★★

과일이나 꽃, 화병 등 스스로 움직이지 못하는 물체를 소재로 그린 그림을 (　　　)라고 해요.

정물화는 17세기 네덜란드의 화가들에 의해 그려지기 시작했어요. 주변에서 흔히 볼 수 있는 것들을 그리는 정물화는 그리는 사람이 물건들을 자유롭게 배치할 수 있고, 장소나 날씨, 시간과 상관없이 그릴 수 있다는 장점이 있답니다.

 더 알아보기

인물화는 인물을 중심으로 그린 그림이고, 풍경화는 야외의 자연 풍경을 그린 그림을 말해요.

인물화

풍경화

8월 August 18일 수학
난이도 ★★★★

다음의 힌트를 보고 그것이 가리키는 수를 맞혀 보세요.

· 네 자리 수예요.
· 3개 자리의 숫자가 같아요.
· 십의 자리의 숫자가 가장 작아요.
· 각 자리의 숫자의 합은 27이에요.
· 이 수에는 0과 3이 들어가지 않아요.

숫자가 서로 같은 3개 자리의 수를 ㉮라고 하고, 가장 작은 십의 자리의 수를 ㉯라고 하면, 네 자리 수를 ㉮㉮㉯㉮라고 쓸 수 있어요. 그리고 각 자리의 숫자의 합이 27이므로 ㉮+㉮+㉯+㉮=27이라는 식을 만들 수 있지요. 27에 가까운 수가 되도록 ㉮에 9를 넣으면 ㉯가 0이 되고, ㉮에 8을 넣으면 ㉯는 3이 돼요. 그러나 이 수에는 0과 3이 들어가지 않으므로, 결국 ㉮는 7, ㉯는 6이 되지요. 따라서 이 네 자리의 수는 7767이랍니다.

8월 August — 19일 — 국어

난이도 ★★★

다음의 상황에 알맞은 속담은 무엇일까요?

코로나 바이러스에 감염된 뒤에야 열심히 방역* 수칙을 지키는 사람을 보고 떠오르는 속담은 과연 무엇일까요? 바로 '소 잃고 외양간 고친다'라는 속담이에요. 일이 잘못된 뒤에는 후회하고 손을 써 보아야 아무 소용이 없다는 뜻으로, 사자성어로는 亡牛補牢(망우보뢰)라고 한답니다.

 어휘 풀이
*방역 전염병이 퍼지는 것을 미리 막는 일.

 비슷한 한자성어
死後藥方文(사후 약방문) 죽은 뒤에 약을 처방한다는 뜻으로, 때가 지난 뒤에 어리석게 애를 쓰는 경우를 이르는 말.

체육 난이도 ★★★★

트라이애슬론은 (   ), (   ), (   )의 세 가지 경기 종목을 쉬지 않고 연달아 하는 경기를 말해요.

| 수영 1.5km | 사이클 40km | 마라톤 10km |

트라이애슬론이란, 한 사람이 수영 1.5km, 사이클 40km, 마라톤 10km(올림픽 경기 기준)를 쉬지 않고 이어서 하는 경기를 말해요. 엄청나게 강한 체력과 인내력을 필요로 하기 때문에 철인 3종 경기라고 불리기도 해요.

더 알아보기

트라이애슬론은 경기에 따라 거리가 달라지는데, 수영 3.9km, 사이클 180.2km, 마라톤 42.195km가 가장 긴 코스예요. 선수들 기준으로 평균 9시간 동안 쉼 없이 3개의 종목을 연이어 하는 경기로, 이 코스를 완주한 사람을 '철인'이라고 부른답니다.

8월 August  **안전한 생활**
난이도 ★★★

낯선 사람이 다가와 어딘가로 가자고 할 때는 어떻게 행동해야 할까요?

길을 걸어가는데 낯선* 사람이 다가와 친한 척을 하거나 함께 어딘가로 가자고 할 때는 일단 피해야 해요. 이럴 경우에 대비하여 평소에 미리 연습을 해 두는 것이 좋아요.

① 친구들과 함께 다녀요.
② 책가방에 이름을 붙이지 않아요.
③ 위급할 때는 큰 소리로 외쳐요.
④ 가는 곳을 미리 부모님께 말씀드려요.
⑤ 으슥한* 곳에 가지 않고, 밝은 길로 다녀요.

어휘 풀이

*낯설다 전에 본 기억이 없어 익숙하지 않다.
*으슥하다 무서움을 느낄 만큼 깊숙하고 구석지다.

일반 상식
난이도 ★★★

날개가 있는데도 날지 못하는 새에는 어떤 것이 있을까요?

새 중에는 날개가 있어도 날지 못하는 것들이 있어요. 바로 펭귄, 타조, 닭이지요. 이 새들은 처음엔 날 수 있었지만, 사는 환경에 따라 날개를 쓸 일이 없어지면서 날개가 점점 그 기능을 잃거나 사라진 것으로 보고 있어요. 펭귄은 먹이를 구하기 위해 물속으로 뛰어들면서 날개가 지느러미처럼 변했고, 타조는 달리기가 빨라서 굳이 날 필요가 없게 되었으며, 닭은 가축*이 되면서 날지 못하게 되었다고 해요.

 어휘 풀이
  *가축 집에서 기르는 짐승으로 소, 말, 돼지, 닭, 개 등을 일컬음.

 어휘력 쑥쑥
  '가축'을 넣어 간단한 문장을 만들어 보세요.

난이도 ★★★★

( )를 만드는 일을 '발전'이라고 하는데, 대표적인 것으로 수력 발전, 화력 발전, 원자력 발전 등이 있어요.

수력 발전

원자력 발전

발전이란, 전기를 만드는 일이에요. 물의 힘을 이용하여 전기를 만드는 수력 발전이나, 석탄과 석유, 천연가스를 이용하여 전기를 만들어 내는 화력 발전, 우라늄을 원료로 전기를 만드는 원자력 발전 등이 있어요.

더 알아보기

이 외에도 바람의 힘을 이용한 풍력 발전, 밀물과 썰물의 힘을 이용한 조력 발전, 태양의 힘을 이용한 태양광 발전 등이 있답니다. 이런 것들은 오염 물질을 전혀 배출하지 않는 친환경 발전 방법이지요.

풍력 발전

태양광 발전

사자성어 過猶不及(과유불급)의 뜻을 알아보세요.

過猶不及(과유불급)은 정도가 지나침은 미치지 못함과 같다는 뜻이에요. 어떤 일이든 지나치지도 부족하지도 않게 적당히 하는 것이 중요하다는 것을 이르는 말이지요.

 비슷한 속담
욕심이 사람 죽인다

 어휘력 쑥쑥
'과유불급'을 넣어 간단한 문장을 만들어 보세요.

8월 August

25일

영어
난이도 ★★★★

괄호 안에 들어갈 기수와 서수를 영어로 써 보세요.

( ) o'clock

the ( ) floor

기수는 수를 나타내는 데 기초가 되는 수로, 숫자나 나이, 연도, 시간, 전화번호 등을 표현할 때 사용해요. 서수는 사물의 순서를 나타내는 수로, 주로 건물의 층수나 순위를 매길 때 사용하며, 보통 the와 함께 쓰이지요. 따라서 '9시'는 nine o'clock으로, '4층'은 the fourth floor로 표현할 수 있답니다.

 더 알아보기
1부터 10까지의 기수와 서수

	1	2	3	4	5	6	7	8	9	10
기수	one	two	three	four	five	six	seven	eight	nine	ten
서수	first	second	third	fourth	fifth	sixth	seventh	eighth	ninth	tenth

난이도 ★★★★

1388년, 이성계가 고려 우왕의 명령으로 요동을 정벌*하러 갔다가 위화도에서 군사를 되돌린 사건인 (　　　　)은 고려의 운명*을 결정짓는 큰 사건이었어요.

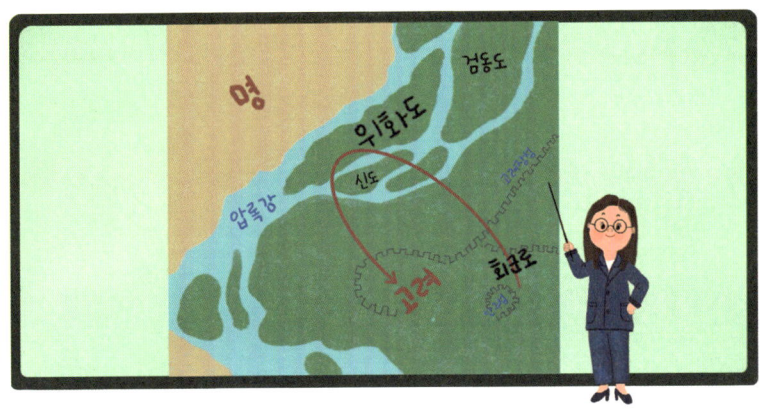

명나라 요동을 정벌하려는 계획을 세운 우왕과 최영의 명령으로 이성계는 군사를 이끌고 요동 지방으로 향했어요. 압록강을 건너 위화도에 머물던 이성계는 명나라를 치는 것이 고려에 도움이 되지 않을 거라 생각했고, 결국 군사를 돌려 개경으로 향했어요. 이 사건을 위화도 회군*이라고 하지요.

 어휘 풀이
- ***정벌** 군사의 힘을 이용해 적의 무리를 침.
- ***운명** 앞으로의 사느냐 죽느냐에 관한 처지.
- ***회군** 군사를 돌이켜 돌아가거나 돌아옴.

8월 August

27일

국어
난이도 ★★★

밑줄 친 낱말은 어떤 낱말들이 합쳐진 것인지 써 보세요.

① 시골에 가면 <u>논밭</u>이 펼쳐져 있어요. → ( ) + ( )
② <u>돌다리</u>도 두들겨 보고 건너라. → ( ) + ( )
③ 물을 흘려서 <u>손수건</u>으로 닦았어요. → ( ) + ( )
④ 나는 점심에 <u>김밥</u>을 먹었어요. → ( ) + ( )

   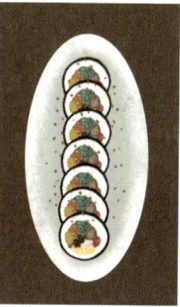

두 개 이상의 낱말이 합쳐져 새로운 하나의 낱말이 된 것을 '합성어'라고 해요. '논밭'은 '논'과 '밭'이 합쳐진 말이고, '돌다리'는 '돌'과 '다리', '손수건'은 '손'과 '수건', '김밥'은 '김'과 '밥'이 합쳐진 말이지요.

🎁 **더 알아보기**
밤낮 → 밤 + 낮 / 눈물 → 눈 + 물 / 길바닥 → 길 + 바닥 / 새해 → 새 + 해

✈️ **어휘력 쑥쑥**
합성어 두 개를 사용하여 하나의 문장을 만들어 보세요.

8월 August
28일
안전한 생활
난이도 ★★★

안전사고의 원인을 찾아 연결해 보세요.

① 농구를 하다가 상대편을 밀어 넘어뜨렸어. ② 자전거를 타고 내리막길을 달려가다가 사람과 부딪혔어. ③ 옆을 보면서 달려가다가 돌에 걸려 넘어졌어.

㉠ 위험한 곳에서 활동했어요. ㉡ 주변을 살피지 않았어요. ㉢ 규칙을 지키지 않았어요.

운동 경기를 할 때는 반드시 지켜야 할 규칙이 있어요. 특히 상대편을 일부러 다치게 하는 행동은 절대 해서는 안 돼요(①→㉢). 또 내리막길 같은 위험한 곳에서는 자전거를 타지 않고 걸어서 내려와야 하고(②→㉠), 길을 다닐 때는 항상 주변을 살펴서 위험한 상황이 생기지 않도록 조심해야 해요(③→㉡).

8월 August

29일

수학
난이도 ★★★

상자에 250개의 구슬을 넣었더니 10,000개가 나왔고, 400개를 넣었더니 16,000개가 나왔어요. 그렇다면 670개의 구슬을 넣으면 몇 개가 나올까요?

250 / 400
↓

× ☐

↓
10,000 / 16,000

먼저 250이 10,000이 되는 방법은 250에 9,750을 더하는 방법과 250에 어떤 숫자를 곱하는 경우뿐이에요. 그런데 두 번째 예의 경우 400에 9,750을 더해도 16,000이 되지는 않기 때문에 더하는 방법이 아닌 곱하는 방법이 사용되었음을 알 수 있어요. 그렇다면 250과 400에 무슨 수를 곱하면 10,000과 16,000이 될까요? 이것은 10,000과 16,000을 각각 250과 400으로 나누어 보면 알 수 있어요. 10000÷250=40, 16000÷400=40이므로 이 상자는 들어온 수를 40배만큼 늘려 주는 상자란 것을 알 수 있지요. 이 상자에 구슬 670개를 넣으면 670×40=26800 이므로 26,800개의 구슬이 나온다는 것을 알 수 있지요.

난이도 ★★★

바다에 사는 고래는 어류일까요, 포유류일까요?

포유류란, 새끼가 어미의 젖을 먹고 자라는 동물들을 일컬어요. 사람을 포함하여 개나 고양이 등 땅 위에 사는 많은 동물이 포유류에 속하지요. 그런데 바닷속에도 포유류가 살고 있어요. 바로 고래지요. 바닷속에 살기 때문에 어류로 착각하기 쉽지만, 고래는 놀랍게도 새끼를 낳아 젖을 먹여 키우지요.

더 알아보기

지금까지 알려진 가장 큰 포유류는 흰수염고래예요.
이 고래의 몸길이는 무려 30미터나 되지요.

8월 August

31일

역사
난이도 ★★★

1441년에 발명된 (　　　)는 강우량*을 측정*하는 기구예요.

조선 시대에는 벼농사가 아주 중요한 산업*이었어요. 따라서 잦은 홍수와 가뭄으로 인한 피해를 줄이고 벼농사를 위해 비의 양을 정확히 측정할 필요가 있었지요. 세종 23년에 발명된 측우기는 세계 최초의 강우량 측정 기구랍니다.

🎁 어휘 풀이
- ***강우량** 일정 기간 동안 일정한 곳에 내린 비의 양. 단위는 mm.
- ***측정** 일정한 양을 기준으로 같은 종류의 다른 양의 크기를 잼.
- ***산업** 인간 생활을 풍요롭게 하기 위해 물건이나 서비스를 만들어 내는 일.

어휘력 쑥쑥
'측정'을 넣어 간단한 문장을 만들어 보세요.

- -

9월 September

1일

과학 난이도 ★★★

감자와 고구마는 뿌리채소일까, 줄기채소일까?

"고구마와 감자는 둘 다 뿌리채소 아닌가?"

"그건 모르겠고, 쪄 먹으면 맛있겠다!"

구워서도 먹고, 쪄서도 먹는 감자와 고구마는 비슷한 것 같지만 달라요. 고구마는 뿌리가 변해서 생긴 것이고 감자는 줄기가 변해서 생긴 것이지요. 그래서 고구마는 '덩이뿌리'라고 하고 감자는 '덩이줄기'라고 해요. 고구마와 감자에는 녹말 성분이 많이 들어 있답니다.

 더 알아보기

고구마처럼 뿌리를 먹는 채소에는 당근, 무, 우엉 등이 있고, 감자처럼 줄기를 먹는 채소에는 토란, 양파 등이 있어요. 배추, 상추, 깻잎 등은 잎을 먹는 채소랍니다.

줄기채소	뿌리채소	잎채소
감자, 토란, 양파 등	고구마, 당근, 무, 우엉 등	배추, 상추, 깻잎 등

9월 September

2일

체육
난이도 ★★★

(　　　)는 우리나라 고유의 전통 무예*를 바탕으로 한 스포츠로, 주로 손과 발을 이용한 기술로 자신의 몸을 보호하는 운동이에요.

우리나라의 전통 무예인 태권도는 먼 옛날부터 전해 내려온 택견, 수박 등 고유의 무술을 계승*하고 발전시켜 탄생한 것이에요. 태권도의 기본 동작에는 주로 손과 발을 이용한 막기, 지르기, 차기, 찌르기 등의 기술이 있어요. 2000년 호주 시드니 올림픽 때 정식* 종목이 되면서 세계적인 스포츠로 확실히 자리 잡았답니다.

🎁 어휘 풀이
- ***무예** 주먹질, 발길질, 무기 쓰기 등의 무술에 관한 재주.
- ***계승** 조상의 전통이나 문화유산, 업적 따위를 물려받아 이어 나감.
- ***정식** 정당한 자격에 맞는 방식.

국어
난이도 ★★★

문장은 '주어', '목적어', '서술어' 등으로 이루어져요.
다음 문장의 밑줄 친 부분은 무엇에 해당하는지 써 보세요.

① <u>나는</u> 과일을 좋아해요. → (   )
② 선생님은 학생을 <u>가르쳐요</u>. → (   )
③ 친구가 <u>선물을</u> 줬어요. → (   )

①은 '무엇이다', '어찌하다', '어떠하다'에 해당하는 서술어이고, ②는 '누가' 또는 '무엇이'에 해당하는 주어예요. 그리고 ③은 '무엇을', '누구를'에 해당하는 목적어랍니다. '주어'와 '목적어', '서술어'는 문장을 이루는 기본 요소라고 할 수 있지요.

 어휘력 쑥쑥

'주어+목적어+서술어'로 이루어진 간단한 문장을 만들어 보세요.
(예: 동생이 인형을 망가뜨렸어요.)

난이도 ★★★★

프로타주 기법*으로 똑같은 무늬를 만들어 보세요.

물체 위에 종이를 대고 문지르니까 똑같은 무늬가 나오네!

나뭇조각, 나뭇잎, 매끄럽지 않고 거칠한 바닥 등 표면에 오목함과 볼록함의 성질을 가진 물체 위에 종이를 대고 색연필, 크레용 등으로 문질러 물체의 무늬를 베끼는* 미술 기법을 프로타주라고 해요. 재료를 쉽게 구할 수 있고, 또 표현하기도 쉽다는 장점이 있답니다.

 어휘 풀이

*기법 기술이나 솜씨, 또는 방법.
*베끼다 글이나 그림 등을 그대로 옮겨 쓰거나 그리다.

 어휘력 쑥쑥

'베끼다'를 넣어 간단한 문장을 만들어 보세요.

수학

난이도 ★★★★★

다음의 그림이 들어간 식을 보고, 각각의 그림이 나타내는 값을 구해 보세요.
(단, 네 개의 수는 서로 다른 수여야 해요.)

① 🔴 × 🟦 = 🔴

② 🔴 × 🔺 = ⭐ × 🟦

③ 🔴 × 🔺 × ⭐ × 🟦 = 100

① 🔴 × 🟦 = 🔴 에서 처음 수에 어떤 수를 곱했을 때 그 수가 답이 되면 어떤 수는 1이에요. 따라서 🟦=1이에요. 또 ②번 식에 🟦=1을 넣으면 🔴 × 🔺 = ⭐ 가 되고, ③번 식에 🟦=1과 🔴 × 🔺 = ⭐ 를 넣으면 ⭐ × ⭐ ×1=100이 되지요. 따라서 ⭐=10인 것을 알 수 있어요. 마지막으로 🟦=1과 ⭐=10을 ②번 식에 넣으면 🔴 × 🔺 =10×1이 돼요. 이때 곱해서 10이 되는 서로 다른 수는 5와 2이므로 🔴=2(또는 5), 🔺=5(또는 2)가 된답니다.

영어

난이도 ★★★

다음 빈칸에 'many'와 'much' 중 알맞은 것을 골라 넣으세요.

① There is (　　　) water in the river.
② There are (　　　) students in the school.

'many'와 'much'는 모두 '많은'이라는 뜻을 가지고 있어요. 그러나 'many'는 뒤에 셀 수 있는 복수 명사가 오고, 'much'는 뒤에 셀 수 없는 명사가 오므로 주의해야 해요. 따라서 ① '강에 많은 물이 있다'에서 water(물)는 셀 수 없는 명사이므로 괄호 안에는 'much'가 들어가고, ② '그 학교에는 많은 학생들이 있다'에서 students(학생들)는 셀 수 있는 복수 명사이므로 괄호 안에 'many'가 들어간답니다.

더 알아보기

'many'와 'much'는 'a lot of'로도 바꿔 쓸 수 있어요. 'a lot of'는 뒤에 셀 수 있는 명사와 셀 수 없는 명사가 모두 올 수 있어요.

탄 음식이 우리 몸에 좋지 않은 이유는 무엇일까요?

탄 음식, 특히 탄 고기에는 발암* 물질이 들어 있어 이것을 먹을 경우 암에 걸릴 확률*이 높아진다는 이야기가 있어요. 사실은 꼭 타지 않더라도 고기 등을 불에 직접 구우면 발암 물질이 생긴다고 해요. 하지만 탄 고기를 몇 번 먹었다고 해서 암에 걸리는 건 아니에요. 다만, 이런 성분들은 몸에 쌓여 언젠가는 몸에 안 좋은 영향을 끼치게 되므로 탄 음식은 되도록 먹지 않는 것이 좋답니다.

어휘 풀이
* **발암** 암을 일으킴.
* **확률** 어떤 일이 생길 가능성의 정도.

어휘력 쑥쑥
'확률'을 넣어 간단한 문장을 만들어 보세요.

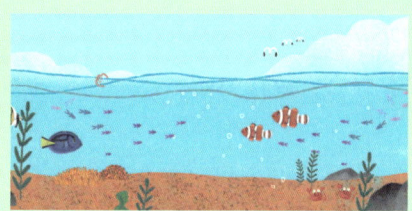

9월 / September

8일

역사

난이도 ★★★

수양 대군은 자신의 조카인 (　　　　)을 내쫓은 뒤 왕위에 올라 조선 7대 임금인 (　　　　)가 되었어요.

수양 대군은 어린 조카의 왕위를 빼앗기는 했지만, 왕이 되고 나서는 정치를 잘한 왕으로 평가받고 있어.

세조 어진 밑그림

오~ 이렇게 생기셨구나!

12세의 어린 나이에 왕이 된 단종은 신하들의 지나친 간섭*으로 나랏일을 제대로 돌보지 못했어요. 이에 불만을 품은 수양 대군은 단종을 내쫓고, 자신이 왕위에 올라 조선 7대 임금인 세조가 되었어요. 세조는 이후 단종에게 사약*을 내렸고, 단종은 17세의 어린 나이에 죽임을 당하고 말았지요.

어휘 풀이
*간섭 남의 일에 참견함.
*사약 먹으면 죽는 약.

더 알아보기
왕의 얼굴을 그린 그림을 어진이라고 해요. 조선 시대 왕의 어진은 대부분 불에 타 사라지고, 몇 개의 어진만 남아 있어요.

태조 어진

영조 어진

철종 어진

난이도 ★★★

사자성어 破竹之勢(파죽지세)의 뜻을 알아보세요.

破	竹	之	勢
깨뜨릴 파	대 죽	갈 지	형세 세

이번 월드컵에서는 아르헨티나가 파죽지세로 치고 올라가는구나.

하지만 프랑스도 만만치 않은걸요.

破竹之勢(파죽지세)는 대나무가 쪼개지는 모양이라는 뜻으로, 세력이 강하여 거침없이 나아가는 상태를 말해요.

비슷한 사자성어
一瀉千里(일사천리) 강물이 거침없이 흘러 천 리에 다다른다는 뜻으로, 어떤 일이 거침없이 단번에 진행됨을 이르는 말.

어휘력 쑥쑥
'파죽지세'를 넣어 간단한 문장을 만들어 보세요.

난이도 ★★

다음의 공공장소에서 지켜야 할 규칙에 대해 말해 보세요.

공공장소란, 여러 사람이 함께 이용하는 곳을 말해요. 여러 사람이 이용하는 만큼 규칙들을 잘 지켜야 하지요. 영화관에서는 휴대 전화를 사용하지 않아야 하고, 놀이공원에서는 줄을 서서 순서를 지켜야 하며, 도서관에서는 큰 소리로 떠들지 않아야 해요. 또 횡단보도에서는 신호를 반드시 지켜야 한답니다.

✨ 어휘력 쑥쑥

공공장소에는 어떤 곳이 있는지 몇 가지 예를 적고, 그 장소에서 지켜야 할 규칙을 써 보세요.
예) 식당: 소리 지르거나 뛰어다니지 않기.

밑줄에 들어갈 알맞은 속담은 무엇일까요?

'백지장도 맞들면 낫다'라는 속담은 아무리 쉬운 일이라도 함께 힘을 모아서 하면 훨씬 더 쉽게 할 수 있다는 뜻이에요. 무슨 일이든 혼자 하는 것보다는 서로 힘을 합하여 함께하는 협력의 중요성을 강조하는 속담이지요.

 비슷한 사자성어

십시일반(十匙一飯) '밥 열 술이 밥 한 그릇이 된다'는 뜻으로, 여러 사람이 조금씩 힘을 합치면 한 사람을 돕기 쉽다는 의미로 사용된답니다.

비슷한 속담

손이 많으면 일도 쉽다 / 종이도 네 귀를 들어야 바르다

과학

난이도 ★★★★

열은 전도, 대류, 복사라는 세 가지 방식으로 이동해요.
태양의 열이 지구로 전달되는 것은 이 가운데 어떤 방식에 해당할까요?

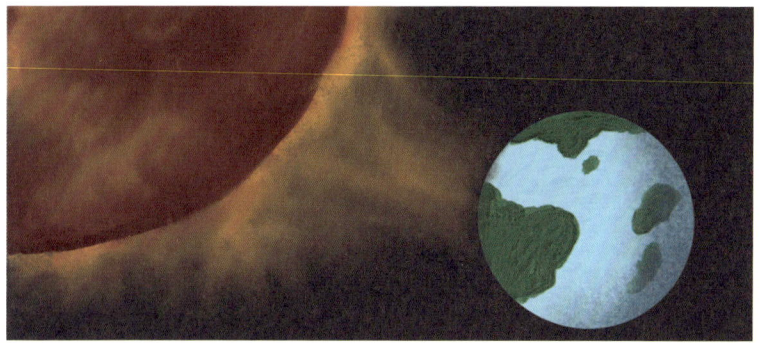

'전도'는 뜨거운 국에 숟가락을 넣으면 손잡이가 뜨거워지는 것처럼 물체(고체)를 통해 열이 이동하는 것을 말하고, '대류'는 물을 끓일 때 물이 위아래로 움직이는 것처럼 액체나 기체가 이동해서 열이 전달되는 것을 말해요. '복사'는 모닥불에 손을 가까이 하면 따뜻한 것처럼 열이 어떤 물질의 도움 없이 직접 전달되는 것이지요. 태양열이 지구로 전달되는 것은 고체나 액체, 기체 등과 같은 물질의 도움 없이 이루어지므로, 이는 열의 '복사'에 따른 것이랍니다.

전도   대류   복사

난이도 ★★★

( )는 네 살 때 피아노를 치고, 다섯 살 때 피아노 협주곡*을 작곡했으며, 열두 살에 오페라*를 만들어 전 유럽을 떠들썩하게 만든 천재 음악가예요.

1756년 오스트리아에서 태어난 모차르트는 어린 시절부터 천재로 불릴 만큼 뛰어난 작품들을 작곡했어요. 36년이 채 안 되는 짧은 삶을 살았지만, 수많은 협주곡과 오페라, 교향곡* 등의 아름다운 음악들을 남겨 지금도 많은 사람들을 행복하게 해 주고 있지요. 대표적인 작품으로는 「교향곡 41번 '주피터'」, 「피아노 협주곡 21번」, 「피가로의 결혼」, 「돈 조반니」, 「마적」 등이 있어요.

 어휘 풀이

*협주곡 독주 악기와 관현악단이 함께 연주하기 위해 만들어진 곡.
*오페라 배우들이 대사의 전부를 노래로 부르는 음악극.
*교향곡 관현악 연주를 위해 만들어진 곡.

다음 수 카드를 왼쪽으로 뒤집었을 때 만들어지는 수와
아래쪽으로 뒤집었을 때 만들어지는 수의 곱은 얼마일까요?

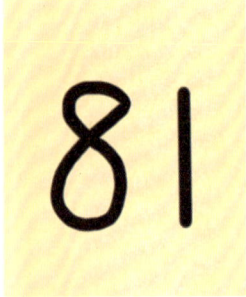

수 카드를 왼쪽으로 뒤집으면 18이 만들어지고, 아래쪽으로 뒤집으면 똑같이 81이 만들어져요. 이 두 수를 곱하면 18×81이므로, 답은 1458이랍니다.

 더 알아보기
다음 중 오른쪽으로 뒤집었을 때 처음과 모양이 같은 것은 무엇일까요?

(정답: ㅂ, ㅅ, ㅍ)

난이도 ★★

다음 그림에서 물에 빠진 사람을 보았을 때의 대처 방법으로 옳지 않은 것을 찾고, 무엇이 잘못되었는지 말해 보세요.

물속에 빠진 사람을 발견했을 때는 침착하게 대처해야 해요. 일단 큰 소리로 주변에 알리고, 119에 구조 요청을 해요. 또 주변에 있는 구명* 장비를 이용해 물에 빠진 사람을 도와줘요. 하지만 아무리 수영에 자신이 있더라도 절대 직접 물에 들어가 구조해서는 안 돼요. 자칫 구하려던 사람까지 위험해질 수 있답니다.

 어휘 풀이
*구명 사람의 목숨을 구하는 것.

 어휘력 쑥쑥
'구명'을 넣어 간단한 문장을 만들어 보세요.

난이도 ★★☆☆☆

다음 빈칸에 들어갈 알맞은 단어를 골라 보세요.

| Who | When | Where | What | How | Why |

① _____ is the boy?
② _____ is your hobby?
③ _____ is my bag?

'who(누구)', 'when(언제)', 'where(어디)', 'what(무엇)', 'how(어떻게)', 'why(왜)'를 의문사라고 해요. 의문사는 의문문, 즉 물어보는 문장의 맨 앞에 위치한답니다. 따라서 빈칸에 들어갈 알맞은 의문사는 ① 'Who is the boy?(그 소년은 누구니?)', ② 'What is your hobby?(네 취미는 무엇이니?)', ③ 'Where is my bag?(내 가방은 어디 있니?)'이지요.

 오늘의 영어 단어

spring(봄), summer(여름), autumn 또는 fall(가을), winter(겨울)

난이도 ★★★

아주 오랜 옛날에 살았던 공룡은 왜 멸종되었을까요?

저렇게 큰 공룡들이 대체 왜 멸종된 걸까?

공룡이 멸종된 원인은 정확하게 알려져 있지 않아요. 가장 가능성이 높은 것으로 알려진 원인은 바로 운석* 충돌설이에요. 백악기* 말기에 거대한 운석이 지구와 충돌하면서 두꺼운 먼지구름*이 오랫동안 하늘을 덮었는데, 이로 인해 햇빛이 차단*되자 식물들이 사라지고 이를 먹고 사는 초식공룡, 그리고 육식공룡까지 멸종했다고 해요.

 어휘 풀이

***운석** 지구상에 떨어진 별똥별.
***백악기** 1억 4,500만 년 전부터 6,500만 년 전까지의 시대.
***먼지구름** 구름처럼 일어나는 흙먼지.
***차단** 막거나 끊어서 통하지 못하게 함.

난이도 ★★☆

다음의 편지를 높임 표현에 맞게 고쳐 쓰세요.

고쳐쓰기

할머니에게

할머니, 생일 축하해.

할머니가 아프지 않고
오래오래 살았으면 좋겠어.

그러니까 꼭 건강해야 돼.

사랑해.

웃어른께는 예의를 갖추어 적절한 높임말을 사용해야 돼요. 위의 편지는 할머니께 드리는 것으로, 높임말을 전혀 사용하고 있지 않아요. 이를 높임 표현에 맞게 고쳐 쓰면 다음과 같이 쓸 수 있답니다.

> 할머니께
> 할머니, 생신을 축하드려요. 할머니께서 아프시지 않고 오래오래 사셨으면 좋겠어요. 그러니까 꼭 건강하셔야 돼요. 사랑해요.

 더 알아보기

높임말로 바꿀 때 원래의 단어가 완전히 바뀌는 경우도 있어요. 어떤 것들이 있는지 알아볼까요?

밥 → 진지, 주다 → 드리다, 자다 → 주무시다, 나이 → 연세

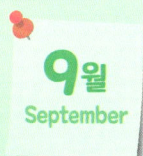

9월
September

19일

역사

난이도 ★★★

다음 단어들과 관계 있는 역사적 사건은 무엇일까요?

| 도요토미 히데요시 | 이순신 | 한산도 대첩 | 의병 |

일본을 통일한 도요토미 히데요시는 명나라를 정벌하기 위한 발판으로 조선을 침략하여 임진왜란을 일으켰어요. 왜군 15만여 명이 물밀듯 몰려들자 조선 땅은 쑥대밭이 되고 말았지요. 하지만 바다에서 이순신 장군의 활약*으로 한산도 대첩이라 불리는 큰 승리를 거두고, 육지에서는 의병*들이 목숨을 걸고 싸운 덕에 조선은 일본을 물리치고 전쟁에서 승리할 수 있었답니다.

 어휘 풀이

* **활약** 활발히 활동함.
* **의병** 나라가 위급할 때 백성들이 스스로 조직한 군대.

한자
난이도 ★★★

사자성어 立身揚名(입신양명)의 뜻을 알아볼까요?

立	身	揚	名
설 립(입)	몸 신	날릴 양	이름 명

내 꿈은 입신양명해서 부모님께 효도하는 거야.

立身揚名(입신양명)은 출세하여 자신의 이름을 세상에 널리 알리는 것을 의미해요.

 비슷한 사자성어
立身出世(입신출세) 성공하여 높은 지위에 오르거나 유명하게 됨.

 어휘력 쑥쑥
'입신양명'을 넣어 간단한 문장을 만들어 보세요.

- -

과학
난이도 ★★★

습지*, 암벽*, 모래땅 등 양분을 얻기 어려운 환경에 살며 벌레를 잡아먹는 식물을 ( ) 식물이라고 해요.

파리지옥

끈끈이주걱

식물 중에는 놀랍게도 벌레, 즉 곤충을 잡아먹는 식물이 있어요. 이것을 식충 식물이라고 해요. 잎에서 나오는 끈끈한 액체에 붙은 벌레를 잡거나, 잎을 오므려 벌레를 가둔 뒤 이를 소화·흡수하여 양분을 얻는답니다. 식충 식물에는 파리지옥, 끈끈이주걱, 통발 등이 있어요.

어휘 풀이
*습지 물기가 많은 축축한 땅.
*암벽 높이 솟은 벽 모양의 바위.

더 알아보기
이 밖에도 주변에서 볼 수 있는 식충 식물에는 어떤 것들이 있는지 찾아보세요.

체육
난이도 ★★

발야구의 규칙으로 알맞지 않은 것을 찾아 바르게 고쳐 보세요.

① 타자가 공을 찼을 때, 공이 바닥에 튀지 않고 뜬 채로 수비수가 바로 잡으면 아웃이에요.
② 세 명이 아웃되면 공격과 수비가 교체*돼요.
③ 도루*를 할 수 있어요.
④ 파울 세 번이면 아웃이에요.

발야구는 야구 방망이로 공을 치는 대신 발로 공을 차서 승부*를 겨루는 경기예요. 규칙은 야구와 비슷하지만, 다른 부분도 있어요. 야구와 다른 점은 도루를 할 수 없고, 홈런이 없으며, 포수가 없기 때문에 홈으로 들어오는 주자를 막기가 어려워요.

어휘 풀이
* **교체** 사람이나 사물을 다른 사람이나 사물로 대체함.
* **도루** 주자가 수비의 눈을 피해 다음 베이스까지 가는 일.
* **승부** 이기는 것과 지는 것.

어휘력 쑥쑥
'승부'를 넣어 간단한 문장을 만들어 보세요.

난이도 ★★★★

추석 때 즐기는 민속놀이로는 여러 사람이 함께 손을 잡고 둥그렇게 빙빙 돌면서 춤을 추는 (　　　　), 두 사람이 서로의 샅바를 잡고 상대를 넘어뜨리는 경기인 (　　　) 등이 있어요.

추석에 하는 민속놀이에는 여러 사람이 함께 손을 잡고 원을 그리며 빙빙 돌면서 춤을 추는 강강술래, 두 사람이 서로의 샅바를 잡고 상대를 넘어뜨리는 경기인 씨름이 있어요. 이 외에도 두 편으로 나뉜 사람들이 굵은 밧줄을 마주 잡고 당기는 줄다리기, 마부*가 나무 소를 몰고 와 무당*과 대화하며 굿을 하는 소놀이, 바퀴가 달린 가마를 맞부딪쳐서 상대편의 가마를 빼앗는 가마싸움 등이 있답니다.

어휘 풀이

*마부 말을 부려 마차 또는 수레를 모는 사람.
*무당 귀신을 섬겨 점을 치고 굿을 하는 사람.

수학
난이도 ★★★

주어진 수와 낱말을 이용하여 나눗셈 문제를 만들고, 풀어 보세요.

| 지우개 | 375개 | 상자 | 26개 | 모두 |

문제 만들기

상자 속 낱말과 수를 이용하여 나눗셈 문제를 만들면 다음과 같이 두 가지 방식의 문제를 만들 수 있어요. ① '지우개 375개를 26개씩 나누어 담으려면 상자가 모두 몇 개 필요할까요?' ② '지우개 375개를 상자 26에 나누어 담으면 한 상자에 들어가는 지우개는 모두 몇 개일까요?' 그런데 각각의 문제를 풀어 보면 두 문제의 풀이 방법과 정답이 같다는 것을 알 수 있어요. ①은 375÷26=14…11이므로 한 상자에 지우개를 26개씩 넣으면 모두 14개의 상자가 필요하고, ② 또한 375÷26=14…11이기 때문에 26개의 상자에 지우개를 나누어 담으면 한 상자에 14개씩 들어가지요.

난이도 ★★

다음 설명을 읽고 각자가 먹고 싶어 하는 도넛과 연결해 보세요.

My dad likes green doughnut, and my mom wants rounded doughnut. My sister likes pink no matter what, but I want to eat yellow doughnut better than pink.

'아빠는 초록색 도넛을 좋아하고, 엄마는 동그란 도넛을 먹고 싶어 해요. 여동생은 무조건 분홍색을 좋아하지만 나는 분홍색보다는 노란색 도넛이 먹고 싶어요'라는 뜻이에요. 따라서 아빠는 ③번, 엄마는 ①번, 동생은 ④번, 나는 ②번으로 연결할 수 있답니다.

다음 문장과 짜임이 같은 것을 골라 보세요.

사과는 빨갛다.

① 지우는 학생이다.
② 은행잎이 떨어진다.
③ 고양이가 귀엽다.
④ 아빠는 회사원이다.

문장은 기본적으로 '누가 + 무엇이다/어찌하다/어떠하다'의 짜임을 가지고 있어요. '무엇이다'는 대상이 '무엇'인지, '어찌하다'는 대상의 '움직임'을, '어떠하다'는 대상의 '상태나 성질'을 나타내지요. 즉, ①과 ④는 '누가+무엇이다'의 짜임이고, ②는 '누가+어찌하다', ③은 '사과는 빨갛다'와 같이 '누가+어떠하다'의 짜임이므로, 정답은 ③이랍니다.

 어휘력 쑥쑥

'누가/무엇이'+'무엇이다/어찌하다/어떠하다'의 짜임으로 간단한 문장을 만들어 보세요.

9월 September

27일

과학

난이도 ★★★★

거미가 거미줄을 치는 이유는 무엇일까요?

곤충의 세계는 참 신비하단 말이야.

많은 사람이 나를 곤충으로 알고 있지만, 사실 나는 곤충이 아니야. 곤충은 다리가 6개고 몸은 머리, 가슴, 배의 세 부분으로 나뉘지만, 나는 다리가 8개고 몸도 머리가슴과 배의 두 부분으로 나뉘지.

거미는 먹이를 사냥하기 위해 거미줄을 쳐요. 거미줄에 먹이가 걸릴 때까지 기다리다가, 먹이가 걸리면 침을 쏘아 기절을 시키지요. 먹이는 바로 먹거나 거미줄로 돌돌 감아 보관해 놓는답니다.

 더 알아보기

징그럽게 생기기는 했지만, 거미는 사람에게 도움이 되는 동물이에요. 거미가 엄청난 수의 해충을 잡아먹기 때문이지요. 심지어 영국에서는 거미들이 1년 동안 잡아먹는 곤충의 무게가 영국 전체 인구의 몸무게와 같다는 연구 결과가 발표된 적이 있어요.

역사

난이도 ★★★

조선 시대에 등장한 (　　　)은 성리학과는 달리 실생활에 도움이 되는 학문이에요.

성리학은 송나라 주희가 집대성*한 학문으로, 조선 시대에는 성리학을 기반으로 나라를 다스렸어요. 그런데 성리학은 실생활과는 거리가 멀어 백성들의 생활의 어려움을 해결하는 데 도움이 되지 못했지요. 그래서 박지원, 정약용과 같은 몇몇 학자들은 백성들을 위해 실생활에 도움이 되는 학문, 즉 실학을 연구했답니다.

어휘 풀이

*개혁 제도나 기구를 새롭게 뜯어고침.
*집대성 여럿을 모아 하나의 체계를 이루어 합침.

어휘력 쑥쑥

'개혁'을 넣어 간단한 문장을 만들어 보세요.

과학
난이도 ★★★★

다음은 일기도에 사용되는 기호예요. 빈칸에 알맞은 날씨를 넣어 보세요.

일기 기호

"오늘의 날씨입니다."

일기 예보

일기도란, 어떤 지역의 일정한 시간대의 날씨 상태를 숫자나 기호로 나타낸 그림이에요. ○는 '맑음', ●는 '흐림', ✷는 '눈', ≡는 '안개'를 나타내는 기호랍니다.

 더 알아보기

일기도를 만들기 위해서는 기온, 구름의 양, 습도, 바람, 기압 등의 날씨 정보가 필요해요. 기상청에서는 전국 여러 곳에 기상대와 기상 관측소를 만들기도 하고, 필요하면 기상 위성을 쏘아 올려서 날씨에 관한 정보를 모아요. 그런 뒤에 슈퍼컴퓨터의 도움을 받아 일기도를 완성한답니다.

다음 그림에서 주머니 두 개의 위치를 바꾸어
각각 일정한 규칙을 만들어 보세요.

①번 문제는 다섯 개의 주머니 가운데, 두 번째 주머니와 네 번째 주머니의 위치를 바꾸면 21만큼씩 커지는 규칙이 만들어지고, ②번 문제는 세 번째 주머니와 다섯 번째 주머니의 위치를 바꾸면 48만큼씩 커지는 규칙이 만들어진답니다. 이렇게 일정한 규칙에 따라 배열*한 수를 수열이라고 해요.

 어휘 풀이

*배열 일정한 차례나 간격에 따라 벌여 놓음.

 어휘력 쑥쑥

'배열'을 넣어 간단한 문장을 만들어 보세요.

10월 October — 1일 — 영어
난이도 ★★★

다음 시계가 가리키는 시각을 정확하게 표현한 것을 찾아볼까요?

① two three   ② five fifty   ③ ten forty   ④ eight fifteen

영어로 시각을 표현할 때는 시간과 분을 각각 기수로 읽어요. ①은 2시 30분이므로 two thirty, ②는 5시 15분이므로 five fifteen, ③은 10시 40분이므로 ten forty, ④는 8시 50분이므로 eight fifty로 표현해야 해요. 따라서 시각을 영어로 정확하게 표현한 것은 ③번이랍니다.

🎁 더 알아보기
8시 50분은 eight fifty로 나타낼 수 있지만, '9시 10분 전'이라고도 표현할 수 있어요. 이것은 'ten to nine'으로 나타내는데, 이때는 '분-시간'의 순서로 읽어야 해요.

어휘력 쑥쑥
지금 시각을 영어로 써 보세요.

10월 October

2일

일반 상식
난이도 ★★★

우리나라의 대표 음식인 김치에 대해 알아볼까요?

"으~ 매워! 이렇게 매운 음식이 어떻게 건강에 좋을 수가 있어요?"

"김치는 발효* 음식이라 유산균이 많이 들어 있거든. 다음에는 좀 덜 맵게 담가 줄게."

한국의 대표 음식 하면 단연 김치가 떠오르지요. 김치는 배추나 무를 소금에 절인 다음 고춧가루, 파, 마늘 등을 넣어 발효시킨 음식이에요. 김치에 들어가는 갖가지 채소들은 소화·흡수가 잘 되고, 마늘 등은 암을 예방하는 데 도움을 주며, 발효 과정에서 생긴 유산균은 장을 튼튼하게 해 준답니다.

 어휘 풀이

*발효 눈으로 볼 수 없는 아주 작은 미생물이 단백질, 지방, 탄수화물 등을 분해해 사람에게 도움이 되는 물질을 만드는 일.

 더 알아보기

미국의 건강 전문 잡지 《헬스》는 김치, 낫토, 요구르트, 올리브유, 렌틸콩을 세계 5대 건강식품으로 선정했어요. 그중 김치, 낫토, 요구르트가 발효 식품, 즉 유산균이 함유된 음식이에요.

10월 October

3일 개천절

역사
난이도 ★★★

개천절은 '하늘이 열린 날'이라는 뜻으로, 단군이 (　　　)을 세운 것을 기념하는 날이에요.

환웅의 아들인 나, 단군왕검은 홍익인간의 정신으로 나라를 세웠어요. 여러분도 이 정신을 본받아 훌륭한 사람으로 자라길 바랍니다.

우리나라 역사상 최초의 국가는 고조선이에요. 고조선은 단군왕검이 기원전 2333년에 세운 나라로, '인간을 널리 이롭게 한다'는 홍익인간 정신을 건국 이념*으로 삼았지요.

🎁 어휘 풀이
*건국 이념 나라를 세울 때 근본으로 삼는 정신.

🎁 더 알아보기
고조선에는 여덟 가지 금지 조항을 담고 있는 '8조법'이 있었어요. 그중 '사람을 죽이면 사형에 처한다', '도둑질을 하면 노예가 되거나 벌금을 내야 한다', '남을 다치게 하면 곡식으로 갚는다'의 세 가지 조항만 전해지고 있어요. 8조법의 내용으로 미루어 보아 고조선에서는 다른 사람에게 피해를 주는 사람을 엄히 다스렸다는 것을 알 수 있답니다.

10월 October — 4일 — 국어
난이도 ★★★★

다음 문장에서 밑줄 친 낱말을 국어사전에서 찾을 때, 어떤 낱말을 찾아야 할까요?

- 윤재와 윤재 동생은 서로 아주 많이 닮았어요.
- 햇살이 밝아서 산책을 나갔어요.

어떠한 낱말을 국어사전에서 찾을 때는 그 낱말의 기본형을 알아야 해요. 낱말에는 쓰임에 따라 형태가 바뀌지 않는 부분과 형태가 바뀌는 부분이 있는데, 형태가 바뀌지 않는 부분에 '-다'를 붙이면 그 낱말의 기본형이 된답니다. 따라서 '닮았어요'는 형태가 바뀌지 않는 '닮'에 '-다'를 붙인 '닮다'가, '밝아서'는 형태가 바뀌지 않는 '밝'에 '-다'를 붙인 '밝다'가 기본형이지요.

더 알아보기

맑아서, 맑은, 맑으니 → 맑다 / 넣어서, 넣은, 넣으니 → 넣다
닦아서, 닦은, 닦으니 → 닦다 / 받아서, 받은, 받으니 → 받다

10월 October

5일

체육
난이도 ★★

우리나라의 전통 운동 경기인 (　　　　)은 두 사람이 서로의 샅바를 잡고 힘과 기술을 겨루어 상대를 먼저 땅에 넘어뜨리는 스포츠예요.

씨름은 두 사람이 모래판 위에서 서로의 샅바를 붙잡고 힘과 기술을 이용해 발바닥 외의 신체 부위를 땅에 먼저 닿도록 넘어뜨리는 우리나라의 전통 경기예요. 삼국 시대 이전부터 있었던 것으로 추측되는데, 보통 단오, 백중, 한가위(추석) 등과 같은 명절에 열렸답니다.

 더 알아보기

세계 여러 나라에도 우리나라의 씨름과 비슷한 전통 스포츠가 있어요. 일본의 스모, 몽골의 부흐, 그리스의 레슬링 등이지요. 스모, 부흐, 레슬링의 역사 또한 오래된 것으로 보아, 씨름 같은 전통 스포츠는 역사 초기부터 사람들이 즐겼던 스포츠라는 걸 알 수 있답니다.

10월 October
6일
수학
난이도 ★★★

어떤 수를 7로 나누어야 할 것을 잘못하여 9로 나누었더니 몫이 18이고 나머지가 7이었어요. 바르게 계산한 나눗셈식의 몫과 나머지를 구해 보세요.

우선 잘못된 계산을 통해 어떤 수를 구해 보면, (어떤 수)÷9=18…7이므로 9×18+7=(어떤 수), 즉 어떤 수는 169인 것을 알 수 있어요. 이를 통해 바르게 계산하면, 169÷7=24…1이 돼요. 따라서 바르게 계산한 나눗셈식의 몫은 24, 나머지는 1이랍니다.

 더 알아보기

어떤 수를 8로 나누었더니 몫이 25이고 나머지가 3이에요. 어떤 수를 구해 보세요. (정답: 203)

10월 October — **7일** — **과학** 난이도 ★★★

민들레 씨앗은 솜털처럼 생겨서
(   )을 타고 멀리 이동할 수 있답니다.

씨앗은 식물이 번식하는 데 중요한 역할을 하므로, 가능한 한 멀리 퍼져 나가야 해요. 식물들은 씨앗을 멀리 퍼뜨리기 위해 다양한 방법을 이용하는데, 민들레나 단풍나무의 씨앗은 털이나 날개와 같은 구조*로 되어 있어서 바람을 타고 이동한답니다.

🎁 어휘 풀이
*구조 각각의 부분들이 하나의 전체를 이룸.

🎁 더 알아보기
도깨비바늘의 씨앗은 동물의 몸에 붙어서 멀리 퍼지고, 연꽃이나 수련의 씨앗은 물 위에 떠서 이동해요.

10월 October

8일

한자 난이도 ★★★

사자성어 우왕좌왕(右往左往)의 뜻을 알아볼까요?

右	往	左	往
오른쪽 **우**	갈 **왕**	왼 **좌**	갈 **왕**

우왕좌왕(右往左往)은 이리저리 왔다 갔다 하며 가야 할 방향을 종잡지 못할 때 쓰는 말이에요.

🎁 비슷한 어휘
갈팡질팡 갈피를 잡지 못하고 이리저리 헤매는 경우를 이르는 말.

✈️ 어휘력 쑥쑥
'우왕좌왕'을 넣어 간단한 문장을 만들어 보세요.

10월 October

9일 한글날

역사 난이도 ★★★

1443년, 조선의 4대 임금이었던 세종은 '백성을 가르치는 바른 소리'라는 뜻의 (　　　　)을 창제*했어요.

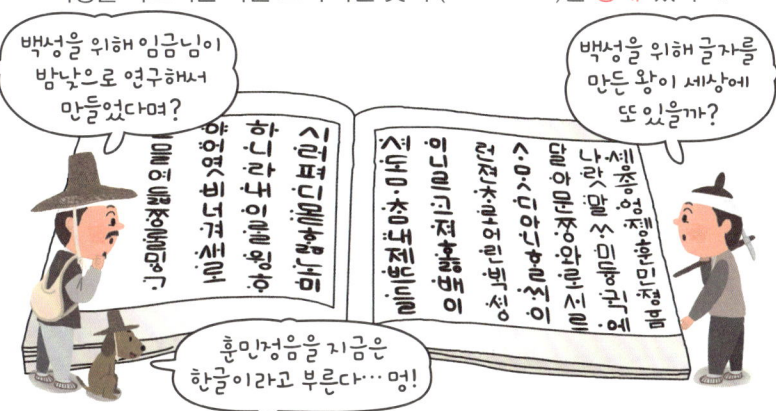

세종대왕은 1443년에 우리말을 완벽하게 표현하면서도 배우기 쉬운 훈민정음을 만들었어요. 이 과정에서 집현전 학자들의 연구가 큰 도움이 되었지요. 세종대왕이 훈민정음을 만들게 된 이유는 한자를 배우기 힘들었던 백성들이 보다 쉽게 글자를 배울 수 있게 하기 위함이었답니다.

 어휘 풀이
*창제 전에 없던 것을 처음으로 만들어 정함.

 더 알아보기
훈민정음은 모음 11자와 자음 17자, 총 28자로 이루어진 소리글자예요. 훈민정음을 만든 원리를 적은 『훈민정음 해례본』은 국보 제70호, 유네스코 세계 기록 유산으로 지정되었답니다.

10월 October — 10일 — 미술
난이도 ★★★

스페인에서 태어난 (　　　　　　)는 20세기를 대표하는 입체주의 화가로, 주요 작품으로는 「아비뇽의 처녀들」과 「게르니카」, 「꿈」, 「인형을 든 마야」 등이 있어요.

「꿈」

「인형을 든 마야」

파블로 피카소

1881년 스페인에서 태어난 파블로 피카소는 그림을 가르치던 아버지의 영향을 받아 어릴 적부터 그림 솜씨가 뛰어났어요. 무려 80여 년 동안 작품 활동을 한 피카소는 입체주의의 거장*으로 20세기 현대 미술의 발전에도 크게 기여했지요.

어휘 풀이
*거장 어떤 분야에서 능력이 남달리 뛰어난 사람.

더 알아보기
입체주의는 20세기 초 파리에서 일어난 미술 운동으로, 자연의 여러 형태를 원뿔, 원통, 공 모양 등의 형태로 나누어 평면에 표현함으로써 간결하게 재구성하는 미술 양식이에요.

10월 October

11일

영어
난이도 ★★

다음 문장의 괄호 안에 들어갈 나머지 단어를 순서대로 적어 넣으세요.

① I learned the piano in
   (e   ) school.

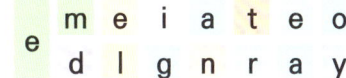

e	m	e	i	a	t	e	o
	d	l	g	n	r	a	y

② I went on a trip by train during summer (v   ).

v	c	e	s	i	a	t	o
	k	y	b	n	m	a	l

①번 문제는 '나는 (   )학교에서 피아노를 배웠다'라는 뜻으로, 괄호 안에는 e로 시작하는 단어인 'elementary(초등)'가 들어가야 해요. 따라서 정답은 'l-e-m-e-n-t-a-r-y'이지요. ②번 문제는 '나는 여름 (   )에 기차를 타고 여행을 갔다'라는 뜻으로, 괄호 안에는 v로 시작하는 단어인 'vacation(방학)'이 들어가야 하므로 'a-c-a-t-i-o-n'을 넣으면 된답니다.

 오늘의 영어 단어

kindergarten(유치원), middle school(중학교), high school(고등학교), university(대학교), bus(버스), airplane(비행기), boat(배), bicycle(자전거)

일반 상식

난이도 ★★★

아기는 엄마의 배 속에서 (　　)을 통해 숨을 쉬고 영양분을 공급*받아요.

아기가 엄마의 배 속에서 자랄 때는 코로 숨을 쉬거나 입으로 음식을 먹지 않아요. 아기는 엄마와 탯줄이라는 관으로 연결되어 있는데, 아기의 배꼽과 태반*을 잇는 이 끈 모양의 탯줄을 통해 산소와 영양분을 공급받는답니다.

🎁 어휘 풀이
* **공급** 요구나 필요에 따라 물품 따위를 제공함.
* **태반** 배 속의 아기와 엄마의 자궁을 연결하는 기관.

🎁 더 알아보기
배 속에 있는 아기도 소리를 들어요. 엄마의 심장 소리, 아빠의 말소리, 엄마가 듣는 음악 소리 등을 아기도 들을 수 있다고 해요.

10월 October

13일

국어 난이도 ★★★

다음 그림을 보고, 밑줄 친 문장에 어울리는 속담을 골라 보세요.

① 아니 땐 굴뚝에 연기 날까.
② 구슬이 서 말이라도 꿰어야 보배*라.
③ 믿는 도끼에 발등 찍힌다.

① '아니 땐 굴뚝에 연기 날까'는 어떠한 원인이 있기에 그에 따른 결과가 있음을 이르는 말이고, ② '구슬이 서 말이라도 꿰어야 보배라'는 아무리 좋은 것이라도 다듬고 정리하여 쓸모 있게 만들어 놓아야 값어치가 있다는 뜻이에요. ③ '믿는 도끼에 발등 찍힌다'는 믿었던 사람이 배신*하여 해*를 입게 되는 경우를 이르는 말이지요. 따라서 그림의 상황과 어울리는 속담은 ①번이에요.

어휘 풀이

*보배 귀하고 소중한 물건.
*배신 믿음을 저버리는 것.
*해 이롭지 않게 되거나 나빠지는 것.

10월 October 14일 도덕

난이도 ★★★

다음 중 공익을 위한 행동을 실천한 친구는 누구일까요?

반찬을 골고루 먹어서 몸이 더 튼튼해졌어! — 민준

독서를 많이 해서 생각하는 힘을 기를 수 있었어! — 창화

길에 쓰레기 버리지 않기를 실천한 지 일주일. 너무 뿌듯해! — 상은

공익이란, 여러 사람 또는 사회 전체의 이익을 말해요. 길에 쓰레기 버리지 않기, 에너지 절약하기, 일회용품 사용 줄이기 등이 공익을 실천하는 행동에 해당하지요. 반찬을 골고루 먹는 것이나 독서를 많이 하는 것은 개인의 이익을 위한 행동일 뿐, 공익을 위한 일은 아니므로 공익을 위한 행동을 실천한 친구는 상은이랍니다.

어휘력 쑥쑥

개인의 이익을 '사익', 사회 전체의 이익을 '공익'이라고 해요. '공익'과 '사익'에 해당하는 일에는 또 어떤 것이 있는지 써 보세요.

사익 ----------------

공익 ----------------

10월 October — 15일 — 수학

난이도 ★★★★★

민철이는 부모님과 함께 박물관에 갔어요. 박물관의 어른 입장권 2장과 어린이 입장권 1장의 가격은 모두 합해 20,000원이고, 어른 입장권 가격이 어린이 입장권 가격의 2배일 때, 어린이 입장권의 가격은 얼마일까요?

어른 입장권 가격이 어린이 입장권 가격의 2배이므로, '어른 입장권=어린이 입장권×2'예요. 이것은 '어른 입장권×2=어린이 입장권×4'로도 나타낼 수 있어요. 그러므로 문제의 어른 입장권 2장과 어린이 입장권 1장은 '어린이 입장권 4장+어린이 입장권 1장'으로 표현할 수 있고, 어린이 입장권 5장의 가격이 20,000원임을 알 수 있어요. 따라서 20,000원을 5장으로 나누면, 어린이 입장권 1장의 가격이 4,000원이라는 걸 알 수 있답니다.

더 알아보기

위의 문제 풀이 중, '어른 입장권 2장+어린이 입장권 1장=20,000원'에서 어른 입장권 2장을 어린이 입장권 4장으로 바꾸어 넣는 것을 '대입'이라고 해요. 쉬운 예로 A과자 1개는 B과자 1개로, B과자 1개는 C과자 2개로 바꿀 수 있을 때, A과자 1개는 C과자 2개와도 바꿀 수가 있지요. 이것이 바로 '대입'이랍니다.

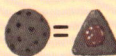
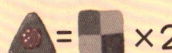
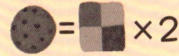

10월 October

16일

음악

난이도 ★★★

네 사람이 각각 꽹과리, 징, 장구, 북을 가지고 어우러져* 치는 놀이인 (   )는 우리나라의 전통 농악 중 하나예요.

우리나라의 대표 타악기인 꽹과리, 징, 장구, 북을 이용해 흥을 돋우는 음악을 연주하는 사물놀이는, 옛날부터 농촌의 농부들이 즐기던 우리나라 고유의 음악이에요. 네 개의 악기를 여러 가지 장단*으로 두드리며 신나게 흥을 돋우면, 힘든 농사일에 지친 농부들은 잠시나마 여유를 느낄 수 있었답니다.

 어휘 풀이
*어우러지다 여럿이 조화를 이루어 한 덩어리가 되다.
*장단 춤, 노래 등의 빠르고 느림을 나타내는 박자.

 어휘력 쑥쑥
'어우러지다'를 넣어 간단한 문장을 만들어 보세요.

10월 October 17일 과학

어떤 물질이 액체에 녹아 고르게 섞이는 현상을 (　　　　)라고 해요.

설탕을 물에 넣은 뒤 잘 저으면 설탕이 물에 녹으면서 서로 구분되지 않고 고르게 섞여요. 이렇게 어떤 물질이 액체 속에서 녹아 고르게 섞이는 현상을 용해라고 해요. 이때 고르게 섞여 만들어진 물질을 용액이라 하고, 어떤 물질을 녹이는 물질을 용매, 어떤 물질에 녹는 물질을 용질이라고 해요. 즉, 설탕물은 용액, 설탕은 용질, 물은 용매랍니다.

 더 알아보기

물에 가루를 녹일 때, 더 빨리 녹이는 방법이 몇 가지 있어요. 젓는 속도를 더 빠르게 하거나 물의 온도를 높이는 것, 그리고 가루의 알갱이 크기를 더 작게 하는 것이랍니다.

10월 October

18일

일반 상식
난이도 ★★★

유대류에는 어떤 동물이 포함될까요?

덜 자란 상태로 태어난 새끼를 어미의 배에 있는 주머니에 넣어서 키우는 동물을 유대류라고 해요. 캥거루는 대표적인 유대류지요. 그 외에도 코알라, 주머니두더지가 있는데, 코알라는 새끼를 한 달 만에 낳아서 주머니에 넣고 여섯 달 동안 젖을 먹여 키운답니다.

 더 알아보기

코알라는 평생 동안 유칼리나무에 매달려 유칼리나무의 잎만 먹고 살아요. 잎을 다 뜯어 먹고 나면 다른 나무로 옮겨 가지요. 그런데 코알라가 느릿느릿 움직이는 이유가 있어요. 바로 유칼리나무 잎에 들어 있는 독 성분 때문이에요. 그래서 최근 호주에서 산불이 일어났을 때 느리게 움직이는 코알라가 많은 피해를 입었고, 결국 멸종 위기 동물로 지정되었답니다.

10월 October 19일 역사
난이도 ★★★★

조선 영조 때, 당파 싸움의 폐해*를 없애기 위해 인재*를 고르게 뽑아 쓰는 정책인 (　　　)을 실시했어요.

> 붕당 간의 다툼이 갈수록 심해져 (　　)을 실시했어. (　　)에 대한 내 결심을 보여 주는 동시에 신하들에게 교훈을 주고자 탕평비를 세우기도 했지.

조선 시대 후기로 접어들면서, 신하들은 정치적으로 같은 생각을 가진 사람끼리 모여 '붕당'이란 것을 만들었어요. 이후 붕당 간의 싸움이 심해지면서 나라의 사정은 갈수록 어지러워졌지요. 그러자 영조는 붕당 정치를 막기 위해 붕당에 상관없이 능력이 뛰어난 사람을 높은 자리에 임명하는 탕평책을 실시했어요.

 어휘 풀이
*폐해 어떤 행동이나 일의 부정적인 현상으로 인하여 생기는 해로움.
*인재 어떤 일을 할 수 있는 지식이나 능력을 갖춘 사람.

 어휘력 쑥쑥
'인재'를 넣어 간단한 문장을 만들어 보세요.

영어

난이도 ★★★

그림을 보고 알맞은 도시에 ○표 하세요.

Tokyo
Paris

Seoul
Beijing

Sidney
Berlin

Moscow
New York City

첫 번째는 프랑스 파리의 에펠탑, 두 번째는 대한민국 서울의 숭례문의 모습이에요. 세 번째는 호주 시드니의 오페라 하우스, 네 번째는 미국 뉴욕의 상징인 자유의 여신상이지요.

 더 알아보기

세계 여러 나라의 수도를 알아볼까요?

일본-**도쿄**, 중국-**베이징**, 호주-**캔버라**, 독일-**베를린**, 러시아-**모스크바**, 영국-**런던**, 미국-**워싱턴**, 캐나다-**오타와**, 스페인-**마드리드**, 이탈리아-**로마**, 스웨덴-**스톡홀름**, 인도-**뉴델리**, 이란-**테헤란**, 태국-**방콕**, 필리핀-**마닐라**, 한국-**서울**

사자성어 類類相從(유유상종)의 뜻을 알아보세요.

類	類	相	從
무리 **류(유)**	무리 **류(유)**	서로 **상**	좇을 **종**

類類相從(유유상종)은 비슷한 사람들끼리 서로 왕래하며 사귀는 경우에 쓰이는 말이에요.

 비슷한 사자성어

草綠同色(초록동색) '풀빛과 녹색은 같은 빛깔'이란 뜻으로, 처지가 같은 사람끼리 어울리게 마련이라는 뜻.

 어휘력 쑥쑥

'유유상종'을 넣어 간단한 문장을 만들어 보세요.

- -

10월 October — **22일** — **국어**

난이도 ★★★

다음 빈칸에 들어갈 알맞은 말은 무엇일까요?

전학 간 친구에게 편지를 _____ .

① 붙였어요　　② 부쳤어요　　③ 붙혔어요

① '붙이다'는 '맞닿아 떨어지지 않게 하다', '이름을 지어 달다' 등의 뜻이고, ② '부치다'는 '편지나 물건 따위를 일정한 수단이나 방법을 써서 상대에게로 보내다'라는 뜻이에요. 그리고 ③ '붙히다'는 맞춤법에 어긋난 표현이지요. 따라서 빈칸에 들어갈 알맞은 표현은 ② '부쳤어요'랍니다.

 어휘력 쑥쑥

'붙이다'를 써서 간단한 문장을 만들어 보세요.
(예: 메모지에 풀을 발라 공책에 붙였어요.)

10월 October 23일 체육
난이도 ★★★

다음 설명이 가리키는 놀이는 무엇일까요?

- 친구 두 명이 양쪽 끝에서 줄을 돌리면, 나머지 친구들은 돌아가는 줄을 뛰어넘으며 노는 놀이예요.
- 줄을 넘으려면 돌아가는 줄의 속도에 맞춰야 해요.
- 실력을 겨룰 때는 줄을 넘는 횟수가 많은 쪽이 이겨요.

긴 줄넘기는 두 친구가 각각 긴 줄의 양쪽 끝을 잡고 커다란 원을 그리면서 돌리면 나머지 친구들은 그 안으로 들어가서 줄을 뛰어넘는 놀이예요. 줄을 돌리는 사람은 일정한 속도로 돌려야 하고, 뛰는 사람들은 서로 호흡을 맞추어 줄에 걸리지 않아야 해요. 줄넘기는 체력을 키워 주고, 집중력과 지구력도 높여 준답니다.

🎁 더 알아보기
1인용 줄넘기의 알맞은 길이는 줄 가운데를 발로 밟고 양쪽 끝을 위로 당겼을 때 가슴 높이까지 오는 길이예요.

어휘력 쑥쑥
줄을 가지고 하는 놀이나 운동의 이름을 몇 가지 써 보세요.

10월 October

24일

수학
난이도 ★★★★

다섯 자리로 이루어진 수에서 각 자리 수의 합이 28이 되는 수 가운데 가장 큰 수는 무엇일까요?

다섯 자리의 수 가운데 가장 큰 수는 99999예요. 이는 다섯 자리 모두 9이므로 각 자리의 숫자의 합이 45이고, 앞의 네 자리가 9인 경우에는 합이 36이에요. 이 두 경우 모두 합이 28이 넘기 때문에 앞의 세 자리만 9가 될 수 있어요. 따라서 9+9+9=27이므로 여기에 1만 더하면 28이 돼요. 이에 해당하는 수는 99910과 99901인데, 이 중 더 큰 수는 99910이므로 다섯 자리의 숫자의 합이 28이 되는 가장 큰 수는 99910이랍니다.

 더 알아보기

다섯 자리로 이루어진 수에서 각 자리 수의 합이 15가 되는 수 가운데 가장 작은 수는 무엇일까요?

(정답: 10059)

10월 October 25일 과학
난이도 ★★★★

호흡 기관은 공기를 들이마셨을 때 몸속에 필요한 (　　　)는 흡수하고, 이산화탄소는 몸 밖으로 내보내는 역할을 해요.

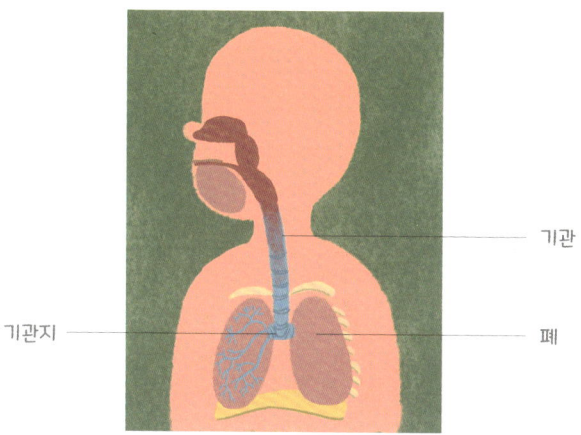

기관
기관지
폐

숨을 들이마시고 내쉬는 것과 관련된 일을 하는 기관을 호흡 기관이라고 해요. 호흡 기관에는 입, 코, 기관, 기관지, 폐 등이 있지요. 코 또는 입으로 공기를 들이마시면 공기는 기관과 기관지를 통과한 후 폐로 들어가고, 폐는 공기 중의 산소만 골라서 우리 피에 실어 몸속 세포로 보낸답니다. 반대로 숨을 내쉴 때는 폐에서 기관지, 기관을 거쳐 코 또는 입으로 이산화탄소를 내보내요.

더 알아보기

우리 몸에는 호흡 기관뿐만 아니라 피가 우리 몸속을 도는 것과 관련 있는 순환 기관, 자극을 받아들이는 감각 기관, 소화와 관련된 소화 기관, 몸속의 필요 없는 것들을 몸 밖으로 내보내는 배출 기관도 있답니다.

엄마...

10월 October

26일

과학 난이도 ★★★★

우리가 사는 지구에 낮과 밤이 생기는 이유는 지구의 (　　　) 때문이고, 봄, 여름, 가을, 겨울의 계절이 생기는 이유는 지구의 (　　　) 때문이에요.

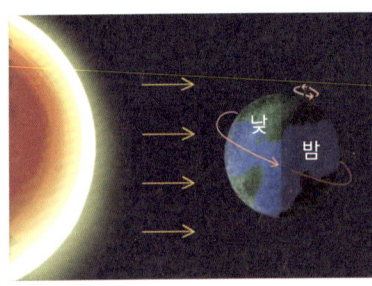
자전

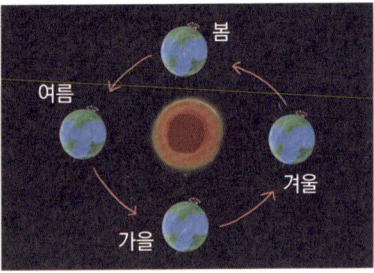
공전

지구는 팽이처럼 스스로 돌고 있는데, 이를 '자전'이라고 해요. 이렇게 지구가 돌면서 태양의 빛을 받는 쪽은 낮이 되고 그 반대쪽은 밤이 되는 것이지요. 그리고 지구가 태양 주위를 1년에 한 번씩 도는 것을 '공전'이라고 하는데, 이에 따라 계절의 변화가 생긴답니다.

더 알아보기

지구는 태양 주위를 공전하고 있지만, 지구 주위를 공전하는 천체도 있어요. 바로 달이지요. 이렇게 달이 지구를 돌고 있기 때문에 태양, 지구, 달의 위치에 따라서 달의 모양이 날마다 변하는 것이랍니다.

어휘력 쑥쑥

'자전'을 넣어 간단한 문장을 만들어 보세요.

10월 October 27일

역사
난이도 ★★★

조선 시대 후기의 지리학자인 김정호는 보다 정확하고 자세한 지도를 만들기 위해 여러 고장을 방문하거나 필요한 자료를 모아 (　　　　　)를 완성했답니다.

어릴 적부터 지도에 관심이 많았던 김정호는 무려 30년 동안 필요한 자료를 모아서 지도를 만들었어요. 그 결과 가로 약 4미터, 세로 약 6미터의 「대동여지도」를 완성했지요. 「대동여지도」는 오늘날의 지도에 뒤지지* 않을 만큼 매우 정확하고 완성도*가 높은 것으로 평가받고 있답니다.

어휘 풀이
*뒤지다 능력이나 수준이 남보다 뒤떨어지거나 못하다.
*완성도 어떤 일이나 작품 등의 가치가 완성된 정도.

어휘력 쑥쑥
'완성도'를 넣어 간단한 문장을 만들어 보세요.

10월
October

난이도 ★★★

그림을 보고, 빈칸에 들어갈 알맞은 단어를 고르세요.

| across | through | between | over |

There is a school _____ the trees.

그림을 보면 나무들 사이에 학교가 있어요. 그래서 주어진 영어 문장은 우리말로 '나무들 사이에 학교가 있어요'가 되어야 하므로, 빈칸에는 '~ 사이에'라는 뜻을 가진 between이 들어가요. across는 '~을 가로질러', '~의 맞은편에'라는 뜻이고, through는 '~을 통해서', '~을 지나서', over는 '~의 위에'라는 뜻이지요.

더 알아보기

over는 '~의 위에' 또는 '~의 너머에'라는 뜻을 가지고 있는데, 대상과 좀 떨어져 있을 때 쓰는 표현이에요.

10월 October
29일
국어 난이도 ★★★

다음 밑줄 친 부분이 나타내는 뜻은 무엇일까요?

① 신발을 신지 않다.
② 적극적으로 열심히 움직이다.
③ 남이 하지 않는 일만 골라서 하다.

'발 벗고 나서서'라는 표현은 보통 무언가를 열심히 하거나 적극적으로 나서서 할 때에 쓰여요. 신발을 신지 않는 것과 남이 하지 않는 일만 골라서 하는 것과는 전혀 관련이 없을뿐더러, 그림과 같은 상황에도 어울리지 않는 표현이지요. 따라서 정답은 ② 번이에요.

어휘력 쑥쑥
'발 벗고 나서다'를 넣어 간단한 문장을 만들어 보세요.

다음 도형이 정사각형이 아닌 이유와, 어떤 도형인지를 설명해 보세요.

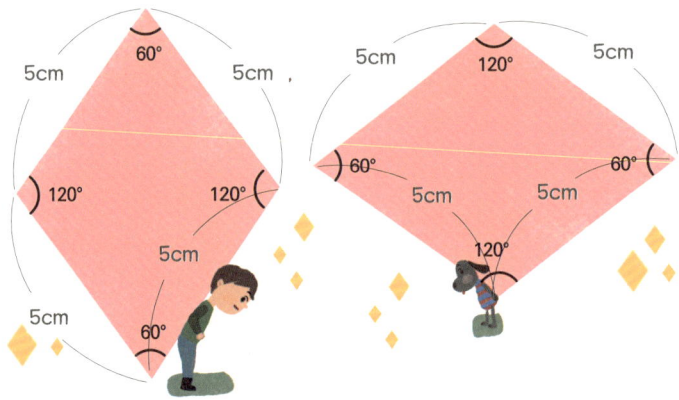

정사각형은 네 변의 길이가 모두 같고, 네 각이 모두 직각, 즉 90°인 도형이에요. 하지만 위의 도형은 네 변의 길이는 같지만, 네 각이 90°가 아니므로 정사각형이라고 할 수 없어요. 위의 도형은 네 변의 길이가 모두 같고, 마주 보는 변이 서로 평행하며, 마주 보는 두 각의 크기가 같은 사각형인 마름모랍니다.

더 알아보기

정사각형과 마름모 외에도 다양한 모양의 사각형이 있어요. '직사각형'은 네 각이 모두 직각이고 마주 보는 두 변의 길이가 같은 사각형이고, '사다리꼴'은 마주 보는 변들 중에 평행한 변이 한 쌍이 있는 사각형, '평행사변형'은 마주 보는 두 쌍의 변이 모두 평행한 사각형이지요.

10월 October — 31일 — 과학

난이도 ★★★

철가루로 실험을 해야 하는데, 그만 실수로 모래와 섞여 버렸어요. 그러자 선생님께서 (　　　)을 이용하여 깨끗이 분리해 주셨답니다.

철의 성질 가운데 하나는 바로 자석에 달라붙는다는 점이에요. 모래와 철가루가 섞여 있을 때, 자석을 넣고 휘저으면 철가루만 분리되어 자석에 달라붙어요. 이런 과정을 여러 번 거치면 모래와 철가루를 완전히 분리할 수 있답니다.

🎁 더 알아보기
자석의 N극은 항상 북쪽을, S극은 항상 남쪽을 가리키는 성질을 이용하여 만든 도구가 나침반이에요. 나침반을 사용하면 바다나 산, 하늘 등에서도 방향을 알 수 있답니다.

🎁 오늘의 영어 단어
south(남쪽), north(북쪽), west(서쪽), east(동쪽), compass(나침반)

11월 November

1일

일반 상식
난이도 ★★★

펭귄이 추운 남극 지방에서도 살 수 있는 이유는 몸속에 쌓인 두꺼운 (　　　　) 덕분이에요.

펭귄은 비교적 먹이가 풍부한 여름철에 가능한 한 많은 먹이를 먹어서 몸속에 지방층*을 만들어요. 이 지방층 덕분에 펭귄은 남극의 아주 추운 겨울 날씨를 견딜* 수 있지요. 또 펭귄의 날개는 검은 가죽처럼 보이지만, 이것은 사실 검은 깃털이 이중으로 빽빽이 들어차 있는 것으로 몸을 따뜻하게 해 주고 물에 젖는 것을 막아 준답니다.

🎁 어휘 풀이
*지방층 피부 밑에 있는 지방으로 된 층.
*견디다 어려운 환경에 굴하지 않고 계속해서 버티면서 살아 나가다.

어휘력 쑥쑥
'견디다'를 넣어 간단한 문장을 만들어 보세요.

11월 November

2일

영어
난이도 ★★★

빈칸에 들어가기 알맞지 **않은** 단어를 찾아보세요.

There are some _____ on the table.

some은 '약간의', '조금의'라는 뜻이에요. some 뒤에는 셀 수 없는 명사나 명사의 복수형이 와야 하지요. money와 water, bread는 셀 수 없는 명사이고, apples는 명사의 복수형이므로 some 뒤에 쓰일 수 있지만, book은 셀 수 있는 명사인 데다 단수형이므로 some 뒤에 올 수 없어요.

🎁 더 알아보기

셀 수 없는 명사에는 보이지 않는 것들(love, happiness 등), 몇몇 음식(salt, cheese 등), 액체(water, coffee 등) 등이 포함된답니다.

11월 November

3일

체육
난이도 ★★★

마라톤 경기는 (　　　　)킬로미터를 달리는 육상 종목으로, 기원전 490년 아테네의 병사가 전쟁터인 마라톤에서 아테네까지 달려와 전쟁에서 이겼다는 소식을 전한 데서 유래했어요.

수많은 사람들이 동시에 참여할 수 있는 경기인 마라톤은 총 42.195킬로미터를 달리는 육상 종목이에요. 42.195킬로미터가 대회 첫 공식 거리가 된 것은 1908년 런던 올림픽이었으며, 이후 1924년부터 마라톤 정식 경주 거리로 정해졌답니다.

 더 알아보기

우리나라를 빛낸 마라톤 선수로는 1936년 제11회 베를린 올림픽 대회에서 대회 신기록을 세우며 우승을 차지한 손기정 선수가 있어요. 하지만 당시 우리나라는 일본의 식민지였기 때문에 우리나라 태극기 대신 일본 국기를 달고 뛰어야 했어요. 그래서 손기정 선수는 시상대에서 1등에게 주는 월계수 화분으로 가슴에 단 일본 국기를 가렸답니다.

11월 November

4일

국어
난이도 ★★★★

다음 밑줄 친 낱말들 가운데 바르게 쓰인 것을 고르세요.

① 오늘은 닭이 알을 낳지 않았어.
② 병이 낳지 않아요.
③ 연고를 바르면 상처가 금방 낫게 돼요.
④ 감기가 낮으면 함께 놀자.

  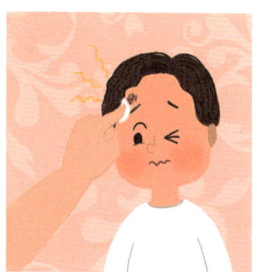

'낳다'는 '배 속의 아이나 새끼, 알을 몸 밖으로 내놓다'라는 뜻으로 쓰이고, '낫다'는 '병이나 상처 등이 고쳐져 본래대로 되다'라는 뜻이에요. 또 '낮다'는 '높이가 기준이나 보통 정도에 미치지 못하다'라는 뜻이며, '낯'은 '얼굴'을 뜻하는 말이지요. 따라서 바르게 쓰인 문장은 ③ '연고를 바르면 상처가 금방 낫게 돼요'랍니다.

 더 알아보기

틀린 문장 고치기
① 오늘은 닭이 알을 낳지 않았어.
② 병이 낳지 않아요.
④ 감기가 낮으면 함께 놀자.

정답: ① 낳지(←낫지), ② 낫지(←낳지), ③ 낮으면(←나으면)

11월 November

5일

한자
난이도 ★★★

사자성어 事必歸正(사필귀정)의 뜻을 알아볼까요?

事	必	歸	正
일 사	반드시 필	돌아갈 귀	바를 정

事必歸正(사필귀정)은 무슨 일이든 옳은 이치대로 돌아간다라는 뜻으로, 옳지 못한 것은 오래가지 못하고 결국 바른 것이 드러난다는 말이에요.

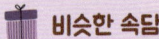 **비슷한 속담**
콩 심은 데 콩 나고, 팥 심은 데 팥 난다 / 뿌린 대로 거둔다

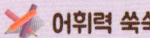 **어휘력 쑥쑥**
'사필귀정'을 넣어 간단한 문장을 만들어 보세요.

다음 설명에서 나타내는 수는 어떤 수일까요?

이 문제는 각각의 조건을 하나씩 따라가며 종이에 써 보면 쉽게 풀 수 있어요. 일단 첫 번째 조건에 따라 1부터 49까지의 숫자를 종이에 적어 보세요. 그리고 두 번째 조건에 따라 3으로 나누어떨어지는 수에 O표 하세요. O표 한 숫자는 3, 6, 9, 12, 15, 18, 21, 24, 27, 30, 33, 36, 39, 42, 45, 48일 거예요. 마지막 세 번째 조건인 5로 나누어떨어지는 수는 일의 자리가 전부 5나 0이에요. 그런데 2를 더해서 5로 나누어떨어진다고 했으므로 찾고자 하는 숫자는 일의 자리가 5나 0에서 2를 뺀 수인 3이나 8인 숫자가 될 거예요. 그러므로 2단계에서 찾아 놓은 숫자 중 일의 자리가 3이나 8로 끝나는 수를 찾으면 되지요. 이를 통해 찾을 수 있는 답은 3, 18, 33, 48이랍니다.

더 알아보기

어떤 수로 나누어떨어지는 수를 그 수의 '배수'라고 해요. 즉, 3으로 나누어떨어지는 수는 '3의 배수'가 된답니다.

11월 November
7일 미술
난이도 ★★★★

한국을 대표하는 근대 서양화가인 (　　　)은 선이 굵고 **강렬하며*** **개성적***인 그림을 주로 그렸어요. 대표작으로는 「흰 소」, 「싸우는 소」, 「서귀포의 환상」, 「길 떠나는 가족」 등이 있어요.

「자화상」

「흰 소」

화가 이중섭은 1916년 평안남도에서 태어났어요. 아이들과 소를 즐겨 그려 '소의 화가'라고도 불리지요. 그림 도구를 살 수 없을 정도로 **형편***이 어려워 담뱃갑 은종이와 엽서에 그림을 그린 것으로 유명하답니다.

어휘 풀이
***강렬하다** 강하고 세차다.
***개성적** 다른 대상과 뚜렷한 차이를 나타내는 것.
***형편** 살림살이의 좋고 나쁨.

「길 떠나는 가족」

11월 November

8일

과학 난이도 ★★★

태양의 크기는 얼마나 되고, 지구와는 얼마나 떨어져 있을까요?

태양의 크기는 얼마나 될까요? 하늘에 떠 있는 태양을 보면 별로 크게 느껴지지 않지만, 태양의 지름은 무려 지구의 109배인 약 139만 킬로미터예요. 태양이 우리 눈에 작게 보이는 이유는 태양과 지구가 약 1억 5,000만 킬로미터나 떨어져 있기 때문이랍니다.

🎁 더 알아보기

태양은 얼마나 뜨거울까?

과학자들은 태양 표면의 온도가 약 6,000℃라고 생각하고 있어요. 물이 끓는 온도가 100℃, 화산이 폭발할 때 나오는 용암의 온도가 약 1,000℃, 철이 녹는 온도가 약 1,500℃인 걸 생각하면, 태양 표면의 온도는 상상하기 힘들 만큼 어마어마하게 높은 온도라는 것을 알 수 있어요.

역사
난이도 ★★★

조선 22대 임금인 정조는 조선의 개혁을 앞당기기 위해 거중기* 등의 기구를 이용하여 수원에 (   )을 지었어요.

여기는 바로 세계 문화유산에 빛나는 수원 화성이야!

여기가 어디야?

영조의 뒤를 이어 왕위에 오른 정조는 수원에 화성을 지어 한양을 벗어나 새로운 중심지를 만들고자 했어요. 이때 정약용이 고안한* 거중기를 화성을 쌓는 데 사용한 덕분에 시간과 노력을 줄일 수 있었지요. 하지만 화성이 완성된 지 얼마 되지 않아 정조가 갑작스럽게 세상을 뜨면서, 그의 계획은 안타깝게도 실행되지 못했답니다.

🎁 어휘 풀이
*거중기 무거운 물건을 들어 올리는 데 쓰던 기계.
*고안하다 연구를 통해 새로운 물건이나 개념, 아이디어 등을 생각해 내다.

✈️ 어휘력 쑥쑥
'고안하다'를 넣어 간단한 문장을 만들어 보세요.

- -

일반 상식
난이도 ★★★

껍질을 벗긴 사과를 그대로 두면 시간이 지나면서 갈색으로 변해요.
이를 (　　　) 현상이라고 해요.

사과의 껍질을 벗기면 사과 속의 성분이 공기 중의 산소와 만나 갈색으로 변해요. 이를 갈변 현상이라고 하지요. 갈변 현상을 막기 위해 사과 표면에 설탕물을 발라 놓기도 하는데, 특히 탄산수에 담가 놓으면 갈변을 막아 주는 데다 맛의 변화도 가장 적답니다.

더 알아보기
돼지고기나 소고기 같은 육류도 갈변해요. 육류의 갈변 현상을 막기 위해서는 진공 포장한 뒤 바로 냉동실에 보관해요.

어휘력 쑥쑥
갈변 현상이 일어나는 과일 또는 채소를 써 보세요.

도덕

난이도 ★★

생명을 존중하고 보호하는 실천 방법으로 알맞지 않은 것을 모두 고르세요.

① 개미가 줄을 지어 가고 있으면 옆으로 비켜 가요.
② 어항 속 물고기들에게 먹이를 많이 줘요.
③ 다친 고양이나 강아지를 보면 동물 보호 센터에 연락해요.
④ 길에 핀 예쁜 꽃을 꺾어 선생님께 드려요.
⑤ 나뭇가지에 매달리는 행동을 하지 않아요.

우리 주변에는 수많은 생명들이 살아가고 있어요. 우리는 이러한 생명의 가치를 알고 보호하기 위한 노력을 해야 하지요. 길에 핀 예쁜 꽃을 꺾는 것은 생명을 보호하는 실천 방법이 아니에요. 또한 어항 속 물고기들에게 먹이를 많이 주면 오히려 물고기들이 병에 걸리거나 죽을 수도 있으므로 적절한 양의 먹이를 줘야 한답니다. 따라서 정답은 ②번과 ④번이에요.

영어
난이도 ★★★

다음 문장의 밑줄 친 부분에 들어갈 단어로 알맞지 않은 것을 고르세요.

The Dog was so happy _____ .

① last Monday
② today
③ yesterday
④ last night
⑤ now

위의 영어 문장을 우리말로 옮기면 '개는 매우 행복했어요'로, 과거의 일을 이야기하고 있어요. ①에서 ⑤까지의 단어를 넣어 문장을 완성해 보면, ①은 '개는 지난 월요일에 매우 행복했어요', ②는 '개는 오늘 매우 행복했어요', ③은 '개는 어제 매우 행복했어요', ④는 '개는 지난밤에 매우 행복했어요', ⑤는 '개는 지금 매우 행복했어요'예요. 따라서 빈칸에 들어갈 수 없는 단어는 현재를 나타내는 ⑤ now이지요.

🎁 오늘의 영어 단어

the day before yesterday(그제, 이틀 전), **yesterday**(어제, 하루 전),
today(오늘), **tomorrow**(내일), **the day after tomorrow**(모레, 이틀 뒤),
two days after tomorrow(글피, 사흘 뒤)

국어

난이도 ★★★

빈칸에 공통으로 들어가는 말은 무엇일까요?

몸이 아니라 조심조심 행동해야 돼요.

이불을 덮고 자기엔 아직 추워요.

날이 더워서 바지를 입었어요.

'홑'은 단어의 앞에 붙어 '한 겹으로 된' 또는 '하나인, 혼자인'의 뜻을 더해 주는 말이에요. 따라서 홑바지는 '한 겹으로 된 바지', 홑이불은 '한 겹으로 된 이불', 홑몸은 '딸린 사람이 없는 혼자의 몸' 또는 '아이를 배지 않은 몸'을 뜻하지요.

🎁 더 알아보기

'홑-'과 비슷한 역할을 하는 말에는 '맨-' (맨손, 맨발 등), '독-' (독방, 독사진 등), '덧-' (덧니, 덧셈 등) 등이 있어요. 이처럼 단독으로 쓰이지 않고 항상 다른 단어의 앞에 붙어 새로운 단어를 만드는 말을 접두사라고 해요.

✏️ 어휘력 쑥쑥

접두사 '풋-'이 들어간 낱말을 써 보세요.

11월 November 14일 음악
난이도 ★★★

캐스터네츠, 탬버린, 작은북, 트라이앵글 등 리듬*에 대한 감각이나 능력을 기르기 위하여 쓰는 악기를 (   ) 악기라고 해요.

악기는 크게 가락* 악기와 리듬 악기로 나눌 수 있어요. 가락 악기는 가락, 즉 음의 높낮이를 표현할 수 있는 악기인 반면, 리듬 악기는 가락은 연주할 수 없지만 두드리거나 흔들어서 리듬을 표현하는 악기지요. 리듬 악기 중 두드려서 소리를 내는 악기를 타악기라고도 한답니다.

어휘 풀이
***리듬** 음의 길고 짧음, 세고 여림 등이 반복될 때의 그 규칙적인 흐름.
***가락** 소리의 높낮이가 길이나 리듬과 어울려 나타나는 음의 흐름.

어휘력 쑥쑥
'가락 악기'에 해당하는 악기 이름을 써 보세요.

- -

11월 November

15일

수학 난이도 ★★★

현준이네 모둠 친구들이 가지고 있는 연필의 개수를 조사하여 표로 만들었어요.
현준이의 연필 개수가 윤호의 연필 개수의 두 배일 때,
빈칸에 알맞은 수를 넣어 보세요.

이름	현준	윤호	서현	미주	합계
연필 수(개)			4	7	20

전체 연필 개수인 20에서 서현이와 미주의 연필 개수인 11을 빼면 9, 즉 연필 9개가 남아요. 이것은 현준이와 윤호의 연필 개수를 합한 수와 같아요. 현준이의 연필 개수가 윤호의 연필 개수의 두 배이므로, 윤호의 연필 개수를 □라고 하면 현준이의 연필 개수는 □+□가 되지요. 이것을 식으로 나타내면 □+□+□=9이므로 □=3, 즉 윤호의 연필 개수는 3개, 현준이의 연필 개수는 6개인 걸 알 수 있답니다.

🎁 더 알아보기

표는 조사한 내용의 전체 수를 알아보기 편리하다는 장점이 있어요.

11월 November

16일

과학
난이도 ★★★

환경 오염은 흙과 물, 공기 등 오염의 종류에 따라 크게 (　　) 오염, (　　) 오염, (　　) 오염으로 나눌 수 있어요.

토양 오염

수질 오염

대기 오염

농약을 사용하거나 쓰레기를 땅속에 묻으면 토양 오염이 발생하고, 공장의 폐수*와 생활 하수*는 수질 오염을 일으켜요. 또 자동차나 공장에서 나오는 매연*은 대기 오염의 원인이 되지요. 이러한 환경 오염을 예방하려면 사람들의 많은 노력이 필요하답니다.

어휘 풀이
* **폐수** 공장 등에서 쓰고 난 뒤에 버리는 물.
* **생활 하수** 일상생활에서 쓰고 버리는 더러운 물.
* **매연** 연료가 탈 때 나오는 오염 물질이 섞인 연기.

어휘력 쑥쑥
'매연'을 넣어 간단한 문장을 만들어 보세요.

11월 November — 17일

사회 난이도 ★★

고장마다 그곳에서 나는 식료품으로 만든 특별한 음식이 있어요.
각 고장의 대표 음식과 그에 대한 설명으로 바른 것을 고르세요.

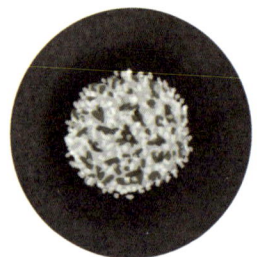

정선 곤드레나물밥

정선은 주변에 바다가 있어서 곤드레나물을 넣어 만든 밥이 유명해요.

하동 재첩국

하동은 근처 강에서 잡은 조개를 넣어 만든 재첩국이 유명해요.

전주 비빔밥

전주는 근처 바다에서 얻은 해산물*을 넣어 만든 비빔밥이 유명해요.

정선은 주변에 산이 많아서 산에서 자란 곤드레나물을 넣어 밥을 지어 먹어요. 또 전주는 주변의 넓은 들에서 자란 쌀과 채소를 넣어 만든 비빔밥이 대표 음식이지요. 하동은 강에서 서식*하는 작은 조개인 재첩을 넣어 만든 재첩국이 유명하답니다.

 어휘 풀이
*해산물 바다에서 나는 동식물을 통틀어 이르는 말.
*서식 생물 등이 일정한 곳에 자리를 잡고 사는 것.

 어휘력 쑥쑥
'해산물'을 넣어 간단한 문장을 만들어 보세요.

11월 November / 18일 / 역사
난이도 ★★★

1875년, 일본의 운요호가 강화도 앞바다에 나타나자 조선 군인들이 운요호를 공격했어요. 일본은 이를 빌미*로 조선의 항구를 열라며 조선에 조약을 맺을 것을 강요했지요. 이에 조선은 일본과의 전쟁을 피하려고 어쩔 수 없이 (　　　　　　)을 맺었어요.

1875년에 일어난 운요호 사건 때문에 조선은 1876년 일본과 강화도 조약을 맺었어요. 이 조약은 일본을 위해 부산, 원산, 인천의 항구를 열고, 조선에 사는 일본인은 죄를 지어도 조선의 법에 따라 처벌받지 않는다는 등 일본에게만 유리한 내용으로 채워져 있는 불평등* 조약이었지요.

어휘 풀이
*빌미 어떤 일을 하기 위한 핑계.
*불평등 한쪽으로 치우쳐 있거나 차별이 있어 고르지 못함.

11월 November

19일

체육
난이도 ★★★

일정한 구간에서 4명이 한 조가 되어 차례로 배턴을 주고받으면서 달리는 육상 경기를 ( )라고 해요.

이어달리기를 할 때는 배턴을 주고받아야 하는데, 이때 주의해야 할 점은 배턴을 놓치면 안 된다는 것이에요. 따라서 배턴을 주는 사람은 받는 사람이 편하게 받을 수 있도록 배턴의 아랫부분을 잡고 건네주는 것이 바람직하답니다.

🎁 더 알아보기

이어달리기의 종류는 400미터, 800미터, 1,600미터와 선수 4명이 각각 100미터, 200미터, 300미터, 400미터를 달리는 메들리 릴레이가 있어요.

11월 November

20일

일반 상식
난이도 ★★★★

파리가 앉아 있을 때 자세히 살펴보면 앞발을 비비고 있는 것을 볼 수 있어요.
파리가 앞발을 비비는 이유는 무엇일까요?

앞발을 싹싹 비비는 파리를 보면 불쌍해하지 않아도 돼요. 파리는 미안해서 앞발을 비비는 게 아니거든요. 파리의 발에는 끈끈한 액을 분비하는 기관이 있어서 여기저기 붙어 앉을 수 있어요. 그런데 발에 먼지가 묻으면 붙어 있을 수 없으므로 먼지를 털어 내기 위해 발을 비비는 것이랍니다. 또 파리의 발에는 냄새를 맡는 기관이 있어서 냄새를 맡으려고 발에 묻은 먼지를 털어 내는 것이기도 해요.

🎁 더 알아보기

파리는 질병을 일으키는 해로운 미생물과 세균을 옮겨 사람에게 피해를 주는 해충이에요. 따라서 방충망 등을 설치하여 파리가 집 안에 들어오지 못하도록 잘 막아야 한답니다.

11월 November — 21일 — 국어
난이도 ★★★★

두 낱말이 합쳐진 합성어의 경우, 앞말이 모음으로 끝났을 때 'ㅅ'이 끝소리로 들어갈 때가 있는데, 이 'ㅅ'을 사이시옷이라고 해요. 다음은 사이시옷이 들어가는 낱말들이에요. 우리가 사용하는 낱말들 중 사이시옷이 있는 단어를 말해 보세요.

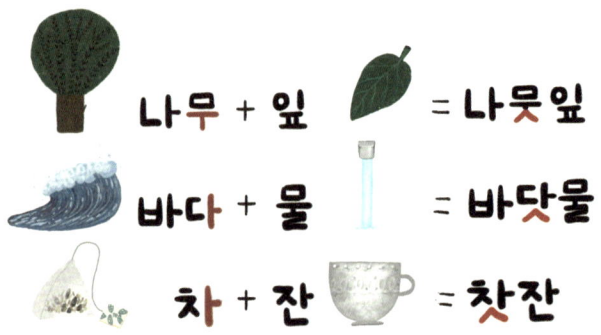

사이시옷이 들어간 단어는 두 가지 경우로 살펴볼 수 있어요. 우선 순우리말과 순우리말이 합쳐진 경우로 햇빛(해+빛), 콧등(코+등) 등이 있고, 순우리말과 한자어가 합쳐진 것으로는 자릿세*(자리+貰), 제삿날(祭祀+날), 아랫방(아래+房) 등이 있답니다.

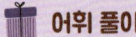 **어휘 풀이**
*자릿세 자리를 빌려 쓰는 대가로 주는 돈이나 물건.

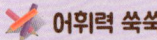 **어휘력 쑥쑥**
사이시옷이 들어간 또 다른 낱말을 써 보세요.

11월 November

22일 — 영어

난이도 ★★

다음 빈칸에 알맞은 단어를 넣어 보세요.

clothes	colours	( )	( )
T-shirt	red	onion	baseball
blouse	pink	carrot	soccer
skirt	blue	potato	basketball
( )	( )	pumpkin	( )

첫 번째 상자는 옷에 관한 단어로 티셔츠, 블라우스, 치마 외에도 pants(바지), socks(양말), jacket(재킷), coat(코트) 등이 있고, 두 번째 상자는 색깔에 관한 단어로 빨강, 분홍, 파랑 외에도 yellow(노랑), white(하양), green(초록), black(검정) 등이 있어요. 세 번째 상자는 양파, 당근, 감자, 호박이라는 단어로 보아 vegetables(채소)에 관한 것임을 알 수 있으며, 네 번째 상자는 야구, 축구, 농구라는 단어로 보아 sports(운동 경기)에 관한 것임을 알 수 있고, 이에 관한 또 다른 단어로는 badminton(배드민턴), volleyball(배구) 등이 있답니다.

11월 November

23일

한자 난이도 ★★★

사자성어 莫上莫下(막상막하)의 뜻을 알아보세요.

莫	上	莫	下
없을 막	윗 상	없을 막	아래 하

莫上莫下(막상막하)는 어느 것이 위고 어느 것이 아래인지 모를 만큼 더 낫고 더 못함의 차이가 거의 없다는 뜻이에요.

🎁 **비슷한 속담**
도토리 키 재기 / 네 콩이 크니 내 콩이 크니 한다 / 참깨가 기니 짧으니 한다

✈️ **어휘력 쑥쑥**
'막상막하'를 넣어 간단한 문장을 만들어 보세요.

11월 November 24일

수학 난이도 ★★★

다음 세 사람 중 오각형에 대해 바르게 말한 사람은 누구일까요?

⬟은 오른쪽으로 뒤집어도, 왼쪽으로 뒤집어도 똑같은 ⬟이야.

⬟은 위로 뒤집어도 같은 모양이 돼.

⬟을 아래로 뒤집었다가 왼쪽으로 뒤집어도 ⬟이 되지.

윤정   은우   보경

⬟은 오른쪽으로 뒤집어도, 왼쪽으로 뒤집어도 같은 모양이 돼요. 그러나 ⬟을 위로 뒤집으면 ⬟과 같은 모양이 되고, 또 ⬟을 아래로 뒤집었다가 왼쪽으로 뒤집으면 ⬟과 같은 모양이 되지요. 따라서 바르게 말한 사람은 윤정이랍니다.

🎁 **더 알아보기**

직선을 사이에 두고 마주 보는 부분이 완전히 겹치는 것을 선대칭이라고 해요. 정오각형도 선대칭 도형 중 하나예요.

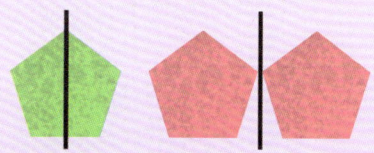

과학
난이도 ★★★★

석회암* 동굴은 천장에서 지하수*가 떨어지기도 해요. 그렇게 오랜 세월이 흐르면 지하수에 녹아 있던 석회암 성분이 굳어서 동굴 천장에 고드름처럼 매달려요. 이것을 (　　　　)이라고 해요.

우아! 정말 신기하다~

— 종유석
— 석주
— 석순

주로 석회암 동굴에서 많이 볼 수 있는 종유석은 고드름처럼 동굴의 천장이나 벽에 매달려 있어요. 이는 아주 오랜 세월에 걸쳐 만들어진 것이지요. 한편, 지하수 물방울이 동굴 바닥으로 떨어지면서 이것이 굳어 위를 향해 뾰족하게 솟아난 것도 있는데 이것을 석순이라 하고, 종유석과 석순이 만나 기둥 모양을 하고 있는 것은 석주라고 한답니다.

🎁 **어휘 풀이**
*석회암 주로 물속에 사는 동물의 뼈, 또는 조개나 소라 껍데기 등이 쌓여서 만들어진 암석.
*지하수 빗물이 땅속에 스며들어 고인 것.

난이도 ★★★★

조선 고종 때 권력을 잡은 민씨 가문이 신식 군대인 별기군과 구식 군대를 차별*하자, 1882년 이에 불만을 품은 구식 군대가 들고 일어난 사건을 (　　　　　)이라고 해요.

강화도 조약 이후 나라의 권력을 잡은 여흥 민씨들은 신식 군대인 별기군에게는 좋은 대우를 해 주면서, 구식 군대에게는 월급도 주지 않고 차별을 했어요. 당시 월급은 돈이 아닌 쌀이었는데, 오랜만에 월급으로 받은 쌀 속에 겨와 모래가 잔뜩 들어 있자 그동안 참아 왔던 구식 군인들의 분노가 폭발했고, 그 일은 결국 저항 운동*으로 이어졌어요. 이를 임오군란이라고 해요.

어휘 풀이

*차별 둘 이상의 대상을 각각 등급이나 수준 등의 차이를 두어서 구별함.
*저항 운동 일반 백성들이 정치적인 압력이나 외국의 지배 따위에 맞서 싸우는 일.

난이도 ★★

다음 문장에서 표현이 잘못된 곳을 찾아 그 이유를 말하고 바르게 고쳐 보세요.

> 나는 어제 내 반려견 바미와 산책을 나가요. 그런데 날씨가 너무 추워서 다시 집으로 돌아왔어요. 내일은 날씨가 좋으면 바미와 꼭 산책을 나갔어요.

글을 쓸 때는 시간을 나타내는 표현을 알맞게 사용해야 돼요. 즉, 과거, 현재, 미래에 맞게 써야 올바른 문장이 되지요. 위의 문장에서 '어제'는 과거이므로 '산책을 나가요'를 '산책을 나갔어요'로 고쳐야 하고, '내일'은 미래이므로 '산책을 나갔어요'를 '산책을 나갈 거예요'로 고쳐야 한답니다.

 어휘력 쑥쑥

'지금 동생과 장난감을 가지고 논다.'를 과거와 미래에 관한 표현으로 바꾸어 써 보세요.

(정답: 어제 동생과 장난감을 가지고 놀았다. / 내일 동생과 장난감을 가지고 놀 것이다.)

11월 November
28일

일반 상식
난이도 ★★★

문어와 오징어는 왜 먹물을 내뿜을까요?

문어와 오징어가 먹물을 뿜는 이유는 적으로부터 자신을 보호하기 위해서예요. 그런데 문어의 먹물과 오징어의 먹물에는 차이가 있어요. 문어의 먹물은 내뿜자마자 흐트러지는 반면, 오징어의 먹물은 끈끈한 점성이 있어 물속에서도 덩어리처럼 둥둥 떠다니지요.

더 알아보기

문어의 먹물은 끈적임이 없어 내뿜었을 때 연기처럼 퍼져 상대의 앞을 가려요. 그렇게 문어는 상대가 앞을 못 보는 사이 도망을 간답니다. 반면 오징어의 먹물은 끈적끈적해서 물속에서 잘 퍼지지 않고 뭉쳐서 둥둥 떠다니는데, 상대가 이것을 오징어로 착각하여 공격하는 사이에 오징어는 유유히 도망을 간다고 해요.

난이도 ★★

행복한 가정을 만들기 위해 우리가 할 수 있는 일에는 어떤 것이 있을까요?

행복한 가정을 만들기 위해서는 가족 사이에 지켜야 할 것들이 있어요. 그 가운데 우리가 할 수 있는 일은 부모님의 집안일을 도와드리는 것, 부모님이 회사에 가시거나 집에 돌아오실 때 꼭 인사하는 것, 그리고 형제자매*끼리는 바르고 고운 말을 쓰는 것 등이 있답니다.

 어휘 풀이
*형제자매 남자 형제와 여자 형제를 아울러 이르는 말.

 어휘력 쑥쑥
'형제자매'를 넣어 간단한 문장을 만들어 보세요.

11월 November · **30일** ·  영어 난이도 ★★★★

다음 문장의 빈칸에 공통으로 들어갈 알맞은 단어를 써 보세요.

· She traveled (　　) Seoul (　　) Busan and returned home.
· I read a book (　　) 3 p.m. (　　) 4 p.m on the train.

두 문장을 우리말로 옮기면, '그녀는 서울에서부터 부산까지 여행을 하고 집으로 돌아왔어요', '나는 오후 3시부터 오후 4시까지 기차에서 책을 읽었어요'로 나타낼 수 있어요. 따라서 두 문장의 빈칸에 공통으로 들어갈 단어는 '~부터 ~까지'의 뜻을 나타내는 from, to랍니다.

 어휘력 쑥쑥

오늘 3시부터 4시까지 무엇을 할 것인지 영어로 써 보세요.

미술
난이도 ★★

미술 재료로 쓰이는 (　　　)은 부드럽고 잘 부서지지 않으며, 다양한 모양으로 바꿀 수 있고, 서로 잘 붙는 특징이 있어요.

끈기*가 있고 차진* 찰흙은 부드럽고 잘 부서지지 않아 미술 재료로 널리 쓰여요. 찰흙으로 만든 작품을 그늘에서 잘 말린 뒤 색칠을 하면 더 멋있는 작품이 되지요. 찰흙으로 만들기를 할 때는 자름 주걱, 송곳 주걱, 긁어내기 주걱, 빗 주걱의 네 가지 주걱을 사용해요.

 어휘 풀이
*끈기 물건의 끈끈한 기운.
*차지다 끈기가 많다.

청자
상감 구름 학무늬 매병

백자
달항아리

 더 알아보기
흙을 빚어서 만든 그릇을 통틀어 도자기라고 하는데, 재료나 특성에 따라 토기, 도기, 석기, 자기로 나뉘어요. 우리나라의 도자기인 고려 청자와 조선 백자는 세계적으로도 그 가치를 인정받고 있답니다.

12월 December

2일

수학
난이도 ★★★★

□ 안에 들어갈 수 있는 자연수* 중에서 가장 작은 수는 얼마일까요?

$$85 \times 36 < 58 \times \square$$

먼저 부등호 < 앞에 있는 식을 계산하면 85×36=3060이에요. 즉, 부등호 뒤에 있는 식인 58×□는 3060보다 큰 수라는 것을 알 수 있지요. 우선 58×□=3060이라고 가정하면* □=3060÷58이고, 3060÷58=52…44예요. □에 못된 52를 넣으면 3016이 되어 3060보다 작고, 53을 넣으면 3074가 되어 85×36=3060보다 크므로, □ 안에 들어갈 수 있는 자연수 중 가장 작은 수는 53이랍니다.

 어휘 풀이
*자연수 1부터 시작해서 하나씩 더하여 얻을 수있는 모든 수.
*가정하다 일정한 사실이나 결론의 증명에 앞서 어떤 조건을 임시로 정하다.

어휘력 쑥쑥
'가정하다'를 넣어 간단한 문장을 만들어 보세요.

물놀이 안전사고를 예방하기 위해 지켜야 할 수칙으로 바르지 않은 것은 무엇일까요?

① 물에 들어가기 전에 꼭 준비 운동을 해요.
② 음식을 먹은 즉시 물에 들어가요.
③ 수영을 잘한다고 해서 위험한 행동을 하면 안 돼요.
④ 혼자서 수영하지 않아요.
⑤ 물놀이 중에 춥다는 느낌이 들면 밖으로 나와 몸을 따뜻하게 하고 휴식을 취해요.

② 음식을 먹은 즉시 물에 들어가면 안 돼요. 음식이 소화되기 전에 물놀이를 하면 건강에 좋지 않기 때문이지요. 물놀이 중 안전사고가 일어나면 자칫 생명이 위험해질 수도 있어요. 따라서 이를 예방하기 위해서는 반드시 안전 수칙을 지켜야 해요.

12월 December

4일

한자
난이도 ★★★★

사자성어 群鷄一鶴(군계일학)의 뜻을 알아볼까요?

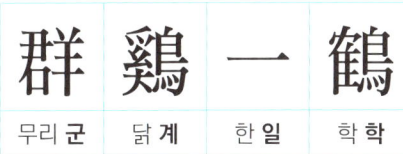

群	鷄	一	鶴
무리 군	닭 계	한 일	학 학

엄마, 나 어땠어요? 멋졌죠?

1등

우리 아들 잘하던걸. 군계일학이 따로 없더구나.

群鷄一鶴(군계일학)은 닭의 무리 가운데 있는 한 마리의 학이라는 뜻으로, 많은 사람 가운데 가장 뛰어난 사람을 이르는 말이에요.

🎁 **비슷한 어휘**
白眉(백미) 여럿 중에서 가장 뛰어난 사람이나 물건을 이르는 말.

🎁 **비슷한 사자성어**
囊中之錐(낭중지추) 주머니 속의 송곳이라는 뜻으로, 재능이 뛰어난 사람은 숨어 있어도 저절로 남의 눈에 띄게 됨을 이르는 말.

12월 December
5일
국어
난이도 ★★★

두 사람의 대화에서 밑줄 친 문장의 뜻으로 알맞은 것은 무엇일까요?

① 남을 해하려고 한 짓이 오히려 자기에게 미친다.
② 코가 다쳐서 몸이 아주 불편하다.
③ 자기 일도 막막해서* 남의 일을 돌볼 틈이 없다.

'내 코가 석 자'는 자기 일도 막막한 상황이라 다른 사람을 돌볼 겨를*이 없다는 뜻의 속담이에요. 위의 문장에서는 '내가 할 숙제도 많아서 너를 도와줄 겨를이 없다'라는 의미로 사용되었지요. ① '남을 해하려고 한 짓이 오히려 자기에게 미친다'는 '누워서 침 뱉기'라는 속담과 어울리는 말이랍니다.

어휘 풀이
* **막막하다** 꽉 막힌 듯이 답답하다.
* **겨를** 어떤 일을 하다가 생각 등을 다른 데로 돌릴 수 있는 시간적인 여유.

12월 December · **6일** · **역사** 난이도 ★★★

1884년, 조선의 자주독립과 근대화를 위해 김옥균, 박영효 등의 개화파*가 일으킨 혁명을 ( )이라고 해요.

이곳은 조선 최초의 우체국인 우정총국이야. 우정총국이 문을 여는 날 이 사건이 일어났지.

임오군란 후에 청나라의 간섭이 심해지자 김옥균, 박영효, 홍영식 등은 자주적 독립과 근대화를 위해 정변*을 일으켰어요. 이를 갑신정변이라 하는데, 청나라 군대의 공격으로 정변을 주도한 인물들이 일본으로 달아나면서 실패로 끝나고 말았지요. 3일 만에 끝났다 하여 '3일 천하'라고 부르기도 해요.

🎁 **어휘 풀이**
- ***개화파** 조선 후기에 나라의 문을 열고 서양의 사상과 문물, 제도 따위를 받아들이자고 주장한 정치 집단.
- ***정변** 반란이나 혁명 등 불법적인 방법으로 일어난 정치상의 변동.

12월 December 7일 과학
난이도 ★★★★

우리가 흔히 사용하는 온도의 단위는 ℃예요. 이를 (　　　　)라고 하는데, 물이 어는 온도와 끓는 온도 사이를 100등분*한 것이랍니다.

(왼쪽은 화씨온도, 오른쪽은 섭씨온도야.)

체온, 날씨 등 우리는 온도를 표시할 때 흔히 ℃(도씨)를 사용해요. 이를 섭씨온도라고 하는데, 스웨덴의 과학자 셀시우스가 만든 것이랍니다. 섭씨온도는 물이 어는점인 0℃와 끓는점인 100℃ 사이를 100등분한 온도의 단위이지요. 온도를 나타내는 방법에 섭씨온도만 있는 것은 아니에요. 독일의 과학자 파렌하이트가 만든 화씨온도도 있어요. 화씨온도를 나타내는 기호는 ℉(도에프)로, 이것은 물의 어는점을 32℉, 끓는점을 212℉로 정하고 그 사이를 180등분한 온도 단위지요.

 어휘 풀이
*__등분__ 똑같은 분량으로 나누어진 몫을 세는 단위.

12월 December — 8일 — 영어

난이도 ★★★

다음 그림을 보고 괄호 안에 알맞은 단어를 써 보세요.

Q: How do you go to school?
A: I go to school by ( ).

Q: Why did you drink water?
A: I drank water ( ) I was thirsty.

첫 번째 그림은 학교에 어떻게 가는 것인지 묻는 질문으로 '나는 bus(버스)를 타고 가요'라고 대답할 수 있고, 두 번째 그림은 왜 물을 마셨는지 묻는 질문으로 because(왜 나하면)를 넣어 '목이 말라서 물을 마셨어요'라고 대답을 완성할 수 있어요.

 더 알아보기

의문사가 들어간 의문문과 그 대답의 예

Who does she like? (그녀는 누구를 좋아하나요?)	She likes me. (그녀는 나를 좋아해요.)
When do you leave? (당신은 언제 떠나나요?)	I leave today. (나는 오늘 떠나요.)
Where did he go? (그는 어디로 갔나요?)	He went to his home. (그는 집으로 갔어요.)
What do you want? (당신은 무엇을 원하나요?)	I want to eat. (나는 먹고 싶어요.)

12월 December

9일

일반 상식
난이도 ★★★

힘이 가장 세고 난폭한* 것으로 알려진 공룡은 '폭군* 도마뱀'이란 뜻의 이름을 가진 ( )랍니다.

공룡 중에서 가장 많이 알려진 티라노사우루스의 정확한 이름은 '티라노사우루스 렉스'예요. 티라노사우루스는 육식 공룡들 가운데 가장 힘이 세고 난폭한 공룡으로, 몸길이는 평균 14미터, 몸무게는 7톤이나 되었다고 해요. 날카로운 이빨과 강한 턱, 굵은 목을 이용하여 먹잇감을 한번 물면 놓지 않았답니다.

 어휘 풀이
*난폭하다 행동이 몹시 거칠고 사납다.
*폭군 강한 힘을 이용해 사납고 악한 짓을 하는 사람.

 어휘력 쑥쑥
'난폭하다'를 넣어 간단한 문장을 만들어 보세요.

12월 December

수학
난이도 ★★★

농장에 닭과 소가 모두 10마리 있어요. 이 동물들의 다리 수를 세어 보니 모두 32개예요. 농장에는 닭과 소가 각각 몇 마리 있을까요?

닭은 다리 수가 2개, 소는 다리 수가 4개예요. 닭+소=10마리이고, 이를 식으로 나타내면 (1+9)=10, (2+8)=10, (3+7)=10, (4+6)=10, (5+5)=10, (6+4)=10, (7+3)=10, (8+2)=10, (9+1)=10이에요. 이 식들에 닭과 소의 다리 수를 각각 곱하여 그 결과가 32인 것을 찾으면 돼요. 이를 통해 (4×2)+(6×4)=32인 것을 알 수 있으므로, 닭은 4마리, 소는 6마리랍니다.

 더 알아보기

어떤 수에 5를 곱한 후 9를 빼면 21이 나와요. 어떤 수를 구해 보세요.

(정답: 어떤 수를 □라고 하면, □×5-9=21, □×5=21+9, □×5=30, □=30÷5=□이므로, □=6이에요.)

사회

오늘날 우리 사회에는 혈연*으로 맺어진 가족도 있고, 입양*처럼 새로운 관계로 맺어진 가족도 있어요. 이렇게 (   )한 가족의 서로 다른 생활 모습을 (   )해야 해요.

가족의 형태는 아주 다양해요. 할머니, 할아버지, 손주*로 이루어진 조손 가족, 부모 중 한쪽과 자녀로 이루어진 한 부모 가족, 부모 둘 중 한 명이 외국인인 다문화 가족 등이 있지요. 우리는 이렇게 다양한 가족이 살아가는 모습을 존중해야 한답니다.

어휘 풀이
*혈연 같은 핏줄로 연결된 관계.
*입양 혈연관계가 아닌 법적으로 부모와 자식이 되는 것.
*손주 손자와 손녀를 아울러 이르는 말.

어휘력 쑥쑥
'입양'을 넣어 간단한 문장을 만들어 보세요.

12월 December

난이도 ★★★

아껴 쓰고, 나눠 쓰고, 바꿔 쓰고, 다시 쓰는 절약 운동을
(   ) 운동이라고 해요.
이 운동을 실천하면 지구를 살리는 데도 도움이 되지요.

작은 물건 하나도 소중히 하여 아껴쓰고 함부로 버리지 않으면 쓰레기가 줄어들고 자원을 절약할 수 있어요. 아껴 쓰고 나눠 쓰고 바꿔 쓰고 다시 쓰는 아나바다 운동은 환경을 보호하고 지구를 살리는 실천 활동이에요.

 어휘력 쑥쑥

우리 생활 속에서 실천할 수 있는 '아나바다 운동'을 써 보세요.

12월 December

13일

국어
난이도 ★★★

다음 글에서 사용된 설명 방법은 무엇일까요?

> 오토바이와 자전거는 바퀴가 두 개예요. 그리고 둘 다 교통수단으로 사용되지요. 그런데 오토바이는 연료를 넣어야 움직일 수 있지만, 자전거는 발로 굴러서 움직일 수 있답니다.

두 가지 이상의 대상을 서로 견주어 설명할 때는 비교와 대조의 방법을 사용하면 좋아요. 비교는 두 개의 대상이 가진 공통점을 설명하는 방법이고, 대조는 두 개의 대상이 가진 차이점을 설명하는 방법이지요. 오토바이와 자전거에 대한 설명글에서 비교한 부분은 둘 다 바퀴가 두 개이면서 교통수단이라는 점이고, 대조한 부분은 오토바이와 자전거가 움직이는 방식이 각각 다르다는 점이에요.

 어휘력 쑥쑥

비교와 대조를 사용하여 강아지와 고양이를 설명해 보세요.

12월 December

14일

역사
난이도 ★★★★

1905년, 러일 전쟁에서 승리한 일본이 대한 제국의 외교권*을 빼앗기 위해 강제로 맺은 조약을 (　　　　)이라고 해요.

이제부터 대한 제국의 외교는 일본이 관리하겠소.

러시아와 일본은 서로 한반도와 만주를 차지하기 위해 러일전쟁을 일으켰고, 결국 전쟁에서 승리한 일본이 1905년 을사조약을 맺음으로써 대한 제국의 외교권을 빼앗았어요. 고종은 을사조약이 무효*임을 세계에 알리기 위해 애썼지만, 결국 일본에 의해 강제로 황제의 자리에서 물러나야 했지요. 그리고 5년 후인 1910년에 한일 병합* 조약을 맺음으로써 우리나라는 완전히 일본의 식민지가 되었답니다.

어휘 풀이

*외교권 주권 국가로서 외국과 관계를 맺을 수 있는 권리.
*무효 효력이 없음.
*병합 둘 이상의 기구나 단체, 나라가 하나로 합쳐짐.

12월 December
15일
체육
난이도 ★★★

다음의 운동 경기들은 어떤 공통점이 있을까요?

배구, 탁구, 테니스, 배드민턴

배구와 탁구, 테니스, 배드민턴은 모두 코트*나 테이블 중앙에 네트를 두고 상대편과 서로 공을 주고받으며 하는 운동 경기예요. 배구, 탁구, 테니스에 사용되는 공은 모두 둥글게 생겼지만, 배드민턴에 사용되는 공은 둥근 코르크에 깃털 15개 정도를 촘촘히 박아 만든 것으로, 셔틀콕이라 불린답니다.

어휘 풀이
*코트 테니스, 농구, 배구 등의 경기를 하는 곳.

더 알아보기
복식 경기는 탁구, 테니스, 배드민턴 등의 경기에서 두 사람씩 짝을 지어서 하는 시합을 말해요.

12월 December

16일

일반 상식
난이도 ★★★

방울뱀의 이름에는 왜 방울이 들어갈까요?

방울뱀이라는 이름만 들으면 귀엽고 앙증맞다고 생각할지 모르겠지만, 방울뱀은 사실 몸집이 커다란 동물도 그 자리에서 바로 죽일 수 있는 아주 강력한 독을 가지고 있어요. 방울이라는 이름은 방울뱀이 꼬리를 흔들 때 나는 소리가 마치 방울 소리 같다 하여 붙여진 이름이지요. 방울뱀이 꼬리를 흔드는 소리는 20미터 밖에서도 들릴 정도로 크다고 해요.

 더 알아보기

뱀은 왜 혀를 계속 날름거리는 것일까요? 사실 뱀은 시력이 아주 나쁜 편이에요. 그래서 냄새를 맡는 감각, 즉 후각이 매우 발달해 있지요. 그런데 사람과는 달리 뱀은 혀에 냄새를 맡는 기관이 있어서 혀를 날름거리면서 공기 중에 흩어져 있는 먹이의 냄새를 맡는답니다.

난이도 ★★★

아래의 12월 달력에 표시된 날짜를 보고 연도, 월, 일을 영어로 표현해 보세요.

영어로 네 자리 수인 연도를 읽을 때에는 두 자리씩 끊어서 읽어요. 따라서 2023년은 twenty twenty-three이고 12월은 December, 날짜는 서수로 표현하여 seventeenth로 읽어요. 또 연도는 맨 나중에 읽어야 하므로, 2023년 12월 17일은 December seventeenth, twenty twenty-three라고 표현한답니다.

 더 알아보기

연도를 읽는 방법

- 뒤의 두 자리가 00으로 끝나면 앞의 두 자리를 읽고 hundred를 붙여요.
 (1900년: nineteen hundred)
- 뒤의 두 자리가 01, 02… 등으로 끝나면 0을 'oh'로 읽고 다음 숫자를 읽어요.
 (1803년: eighteen oh three)

12월 December 18일

과학
난이도 ★★★

곤충은 성충, 즉 어른벌레가 되기까지 자라는 과정에서 형태가 크게 변하기도 하는데, 이를 (　　　　)이라고 해요.

알
애벌레
번데기
어른벌레

곤충의 한살이는 알, 애벌레, 번데기 과정을 거쳐 어른벌레가 되는 것이에요. 그 과정에서 몸의 형태가 변화되는 것을 탈바꿈이라고 하지요. 탈바꿈은 완전 탈바꿈과 불완전 탈바꿈으로 나눌 수 있어요. 나비, 파리, 장수풍뎅이, 사슴벌레처럼 알→애벌레→번데기의 과정을 거쳐 어른벌레가 되는 것을 완전 탈바꿈이라고 해요. 한편 불완전 탈바꿈은 완전 탈바꿈의 과정에서 번데기의 과정이 없는 것으로, 애벌레에서 곧바로 어른벌레가 돼요. 불완전 탈바꿈을 하는 곤충에는 매미, 잠자리 등이 있어요.

난이도 ★★★

○○가게에서 36개가 들어 있는 딸기 한 상자를 2만 5,200원에 팔고, △△가게에서는 30개가 들어 있는 딸기 한 상자를 1만 9,500원에 팔아요. 어느 가게에서 딸기를 사는 것이 더 이득일까요?

두 가게 중 딸기를 더 싸게 파는 곳을 찾는 문제예요. 이렇게 여러 개의 물건의 가격을 비교할 때는 물건 하나당 가격을 비교하는 방법이 가장 간단해요. ○○가게에서는 딸기 36개를 2만 5,200원에 팔기 때문에 딸기 하나당 가격은 25200÷36=700원이고, 같은 방법으로 △△가게의 딸기 하나당 가격은 19500÷30=650원인 것을 알 수 있어요. 그러므로 딸기 하나당 가격이 더 싼 곳은 △△가게랍니다.

🎁 더 알아보기

민규가 동네 마트에 우유를 사러 갔어요. 마트에서는 200ml 한 팩에 450원 하는 우유와 1.8L 한 팩에 3,800원 하는 우유 두 가지를 팔고 있어요. 민규가 더 적은 돈으로 더 많은 우유를 사려면 어떤 제품을 사야 할까요?

(정답: 1.8L 제품)

12월 December 20일

국어
난이도 ★★★

괄호 안에 '안'과 '못'을 쓰임에 맞게 적절히 넣어 보세요.

'못'은 능력이 안 되거나 할 상황이 되지 않을 때 쓰는 표현이고, '안'은 할 수는 있지만 하기 싫어서 하지 않을 때 쓰는 표현이에요. 첫 번째 그림은 다리를 다쳤기 때문에 축구를 할 능력과 상황이 되지 않는 것이므로 '못'이 들어가야 하고, 두 번째 그림은 숙제를 할 수는 있지만 하기 싫어서 안 한 것이므로 '안'이 들어가야 해요.

 어휘력 쑥쑥
'안'과 '못'의 쓰임을 잘 익힌 다음, 각각 쓰임에 맞게 간단한 문장을 만들어 보세요.

한자

난이도 ★★★★

사자성어 莫逆之友(막역지우)의 뜻을 알아보세요.

莫	逆	之	友
없을 막	거스를 역	갈 지	벗 우

莫逆之友(막역지우)는 서로 거스름이 없는 친구라는 뜻으로, 허물없이 아주 친한 친구를 이르는 말이에요.

🎁 비슷한 사자성어

管鮑之交(관포지교) 관중과 포숙의 사귐이란 뜻으로, 우정이 아주 돈독한 친구 관계를 이르는 말.

어휘력 쑥쑥

'막역지우'를 넣어 간단한 문장을 만들어 보세요.

일반 상식
난이도 ★★

다음 문장을 읽고 괄호 안에 알맞은 단어를 넣어보세요.

추운 겨울이 되면 동물들이 활동을 멈추고 땅속 등에서 겨울을 보내는 것을 겨울잠이라고 해요. 겨울잠을 자는 동물로는 개구리와 곰 외에도 다람쥐, 뱀, 고슴도치, 너구리 등이 있어요.

 어휘 풀이
  *겨우내 겨울 동안 계속.

 어휘력 쑥쑥
  '겨우내'를 넣어 간단한 문장을 만들어 보세요.

12월 December

23일

역사
난이도 ★★★★

우리나라가 일제 강점기와 6·25 전쟁 등 힘든 상황을 극복하고 놀라운 경제 발전을 이루어 낸 것을 (　　　)의 기적*이라고 일컬어요.

우리나라는 일제 강점기와 6·25 전쟁으로 온 국토가 황폐해졌고 경제는 엉망이 되었어요. 하지만 국민들이 각자의 자리에서 열심히 일하고 또 서로 힘을 합친 끝에 전 세계가 놀랄 정도로 빠른 시간 안에 엄청난 경제 성장을 이루어 냈지요. 이를 제2차 세계 대전에서 패한 독일이 짧은 기간 안에 놀라운 경제 성장을 이루어 '라인강의 기적'이라 말한 것에 빗대어 '한강의 기적'이라 일컫는답니다.

 어휘 풀이
*기적 보통의 지식으로는 생각할 수 없는 기이한 일.

 어휘력 쑥쑥
'기적'을 넣어 간단한 문장을 만들어 보세요.

서로 관련 있는 것을 찾아 연결해 보세요

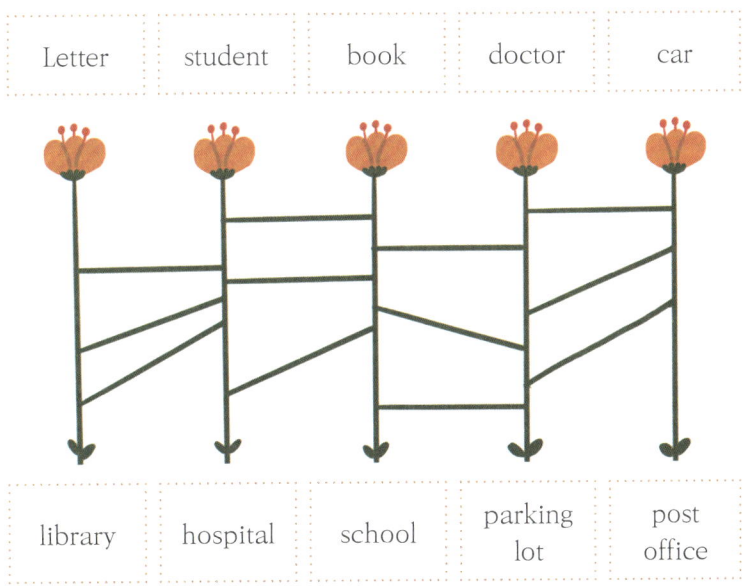

letter(편지)는 post office(우체국)에 가서 부치고, student(학생)는 school(학교)에서 공부해요. 또 book(책)은 library(도서관)에서 읽고 빌릴 수 있으며, doctor(의사)는 hospital(병원)에서 일하고, car(차)는 parking lot(주차장)에 세워야 한답니다.

 더 알아보기

plate(접시) - **kitchen**(부엌), **bench**(벤치, 긴 의자) - **park**(공원)
animal(동물) - **zoo**(동물원), **cloud**(구름) - **sky**(하늘)

12월 December

25일 성탄절

일반 상식
난이도 ★★★

12월 25일은 전 세계 사람들이 기독교의 창시자*인 예수의 탄생을 기념하는 날인 (　　　　　)로, 한국에서는 '성탄절', 프랑스에서는 '노엘'이라고 불러요.

크리스마스(성탄절)에는 트리를 꾸미거나 선물을 주고받으며 행복한 하루를 보내요. 크리스마스는 예수가 태어난 날을 기념하기 위해 시작되었지만, 오늘날에는 다 함께 축제를 즐기고 주변의 불우한 이웃을 돕는 전 세계인의 가장 대표적인 휴일로 자리매김*했답니다.

어휘 풀이
*창시자 어떤 사상이나 학설 따위를 처음으로 시작하거나 내세운 사람.
*자리매김 사람들의 마음속에 자리 잡고 어느 정도의 고정된 위치를 차지함.

어휘력 쑥쑥
'자리매김'을 넣어 간단한 문장을 만들어 보세요.

난이도 ★★★★

우리가 밟고 있는 땅인 지각은 여러 종류의 (　　　)으로 이루어져 있어요. (　　　)은 만들어진 원인에 따라 화성암, 퇴적암, 변성암으로 구분해요.

암석은 지각, 즉 지구의 바깥쪽 부분을 이루고 있는 단단한 물질이에요. 암석은 만들어진 원인에 따라 크게 화성암, 퇴적암, 변성암으로 나눌 수 있어요. 화성암은 마그마나 용암이 굳어져 만들어진 암석이고, 퇴적암은 자갈이나 모래, 진흙 등이 쌓여 다져지고 굳어져 만들어진 암석이며, 변성암은 화성암이나 퇴적암이 높은 열과 힘을 받아 성질이 변한 암석을 의미한답니다.

 더 알아보기

마그마가 식어서 만들어진 화성암이 풍화와 침식 작용으로 퇴적물이 되었다가 쌓여 굳어지면 퇴적암이 되는데, 이 퇴적암은 땅속 깊은 곳에서 열과 압력을 받으면 변성암이 돼요. 이 변성암이 더 높은 열과 압력을 받아 녹으면 마그마가 되고, 그 마그마가 식으면 또 화성암이 되며, 변성암이 다시 잘게 부서져서 쌓이면 퇴적암이 되는데, 이렇게 암석은 환경의 변화에 따라 끊임없이 변한답니다.

12월 December **27일** **음악** 난이도 ★★★

한국을 대표하는 민요인 (　　　)은 예로부터 입에서 입으로 전해져 온 노래로, 우리 민족의 생각과 삶, 감정 등이 담겨 있답니다.

우리나라에는 수많은 민요가 전해지고 있지만, 그중 가장 대표적인 것으로는 아리랑을 꼽을 수 있어요. 아리랑은 본래 사람들이 일을 할 때 부르던 노래였으나, 세월이 흐르면서 우리 민족이 위기에 처했을 때 우리는 서로 하나라는 믿음을 일깨워 주는 노래로 널리 알려지게 되었답니다.

 더 알아보기

우리나라의 대표 민요인 아리랑은 국가 무형 문화재 제129호로 지정되었으며, 2012년에는 유네스코 인류 무형 문화유산으로 등재되었어요. 「정선 아리랑」, 「진도 아리랑」, 「밀양 아리랑」은 우리나라 3대 아리랑으로 손꼽히지요.

12월 December

28일

수학
난이도 ★★★

가장 무거운 주머니부터 차례대로 말해 보세요.

①번 그림과 ②번 그림 속 저울의 기울기로 노랑 주머니가 초록 주머니보다 무겁고 파랑 주머니가 노란 주머니보다 무겁다는 사실을 알 수 있어요. 이를 간단하게 '파랑>노랑>초록'으로 쓸 수 있어요. 또 ③번 그림과 ④번 그림으로 빨강 주머니가 파랑 주머니보다 가볍고 노랑 주머니보다는 무겁다는 것을 알 수 있으므로, 가장 무거운 순서대로 나열하면 '파랑>빨강>노랑>초록'이랍니다.

🎁 더 알아보기

우리는 일상 속에서 무게를 잴 때 여러 종류의 저울을 사용해요. 우선 윗접시 저울은 수평 잡기 원리를 이용한 저울로, 한쪽 접시에 물체를 올려놓고 다른 쪽 접시에 무게 추를 올려놓아 수평을 이루게 해 물체의 무게를 재지요. 그리고 용수철이 늘어나거나 줄어든 길이를 이용하는 용수철저울과 민감한 전자식 센서를 이용한 전자저울도 있답니다.

12월 December · **29일** · **체육** 난이도 ★★★

활로 화살을 쏘아 과녁에 맞히는 경기인 양궁은 언제 우리나라에 들어왔을까요?

서양식 활로 화살을 쏘아 과녁을 맞히는 경기인 양궁은 16세기 영국에서 시작되어 오늘날 전 세계에 보급*된 경기예요. 우리나라에 양궁이 들어온 것은 1950년대 말로, 이후 꾸준하게 발전을 거듭하며* 오늘날에는 세계 최고의 수준으로 성장했답니다.

🎁 어휘 풀이

*보급 널리 많은 사람들에게 골고루 퍼뜨려 누리게 함.
*거듭하다 어떤 일을 자꾸 되풀이하다.

어휘력 쑥쑥

'거듭하다'를 넣어 간단한 문장을 만들어 보세요.

일반 상식
난이도 ★★★

높은 산일수록 더 춥고, 꼭대기에 쌓인 눈은 이른 봄까지 녹지 않기도 해요. 그 이유를 알아보세요.

높은 산일수록 더 춥고, 봄에도 눈이 녹지 않고 그대로 쌓여 있기도 해요. 높은 산이 추운 이유는 바로 태양에서 받은 열을 잡아 두는 공기가 적기 때문이에요. 또한 산에 쌓인 하얀 눈이 태양빛을 반사해서 더 추운 것이랍니다.

 더 알아보기

지구를 둘러싸고 있는 공기를 대기, 대기가 있는 공간을 대기권이라고 해요. 대기권은 높이에 따른 온도 변화를 기준으로 대류권, 성층권, 중간권, 열권의 4개 층으로 나뉘어요. 우리 인간이 사는 대류권에서는 높이 올라갈수록 기온이 떨어지지만, 성층권에서는 반대로 높이 올라갈수록 기온이 올라가요. 그리고 중간권에서는 다시 올라갈수록 기온이 떨어지고, 열권에서는 높이 올라갈수록 기온이 올라간답니다.

이어 주는 말을 올바르게 사용하지 못한 문장을 찾고, 바르게 고쳐 보세요.

① 할머니는 안경을 썼으나 할아버지는 안경을 쓰지 않았어요.
② 날씨가 추워서 기온이 뚝 떨어졌어요.
③ 나는 주스를 마셨고, 친구는 우유를 마셨어요.

이어 주는 말인 '-(으)나'는 서로 반대되는 문장을 연결하는 말이고, '-어서'는 원인이 되는 문장 끝에 붙어서 뒤에 따르는 결과를 연결하는 말이에요. 또 '-고'는 서로 비슷한 내용의 문장을 연결해 주지요. 이어 주는 말을 올바르게 사용하지 못한 문장은 ②번으로, 기온이 떨어진 것이 원인이 되어 그 결과 날씨가 추워진 것이므로, 이를 바르게 고치면 '기온이 뚝 떨어져서 날씨가 추워졌어요'로 표현할 수 있답니다.

 어휘력 쑥쑥

이어 주는 말을 넣어 간단한 문장을 만들어 보세요.

글 : 김진희

김진희는 글쓰기를 좋아하고 아이들을 키우며, 아이들을 가르치고 글의 힘을 믿는 사람들로 이루어진 창작 집단 글씸(U&J)에서 활동하고 있는 작가입니다. 글씸은 각 분야의 전공자와 전·현직 초등·중학교 선생님, 전문 작가 들이 모여 다양한 분야의 글을 쓰고 있습니다. 아이들에게 꿈과 희망을 갖게 하고 문학과 역사는 물론, 세상에 대한 호기심을 채워 주기 위해 오늘도 알차고 재미있게 상상력 가득한 이야기를 쓰고자 힘을 쏟고 있답니다.
그동안 쓴 책으로 '전래동화' 시리즈 5권, '위인전' 시리즈 5권, '삼국유사 삼국사기' 시리즈 5권 등이 있습니다.

그림 : 손성은

어린 시절을 돌이켜 보면, 항상 그림만 그리던 아이였습니다. 어른이 되어서는 그림을 가르쳤는데, 어느 날부터인가 아이들에게 많은 그림을 보여 주고 싶어졌습니다. 그래서 지금은 아이들의 따뜻한 마음과 생생한 일상이 담긴 그림을 책으로 펴내고 있습니다.
〈기적의 도서관전〉, 〈꼭두 일러스트 그림전〉, 〈파주 그림전〉 등의 전시에 참여했고, 《수수께끼 동시》, 《수수께끼 속담》, 《스토리 버스》, 《호기심 깨치기》등에 그림을 그렸습니다.

사진 출처

뗀석기 국립전주박물관 / **갈돌과 갈판** 국립김해박물관 / **비파형 동검과 청동 종방울** 국립중앙박물관 / **광개토대왕릉비** 국립중앙박물관 / **팔만대장경** 강화역사박물관 / **노벨상** 위키백과 / **「산수도」와 「초충도」** 국립중앙박물관 / **《어린이》** 국립한글박물관 / **부안 채석강** 개인 소장 / **아르젠티노사우르스** 위키백과 / **공룡 발자국 화석** 문화재청 / **「삼국유사」,「삼국사기」,「삼강행실도」** 국립중앙박물관 / **한글 금속 활자** 국립중앙박물관 / **안중근** 안중근의사기념관 / **유관순** 국사편찬위원회 / **김좌진** 사단법인 백야김좌진장군기념사업회 / **세조와 영조, 철종 어진** 국립고궁박물관 / **태조 어진** 어진박물관 / **단군왕검 성전** 개인 소장 / **이중섭 「자화상」과 「흰 소」, 「길 떠나는 가족」** 개인 소장 / **수원 화성** 개인 소장 / **평창 백룡 동굴** 문화재청 / **청자와 백자** 국립중앙박물관 / **우정총국** 문화재청 / **한강** 개인 소장 / **암석** 한국지질자원연구원 지질박물관